Ehrhardt Bödecker
Preußen, eine humane Bilanz

Ehrhardt Bödecker

Preußen
eine humane Bilanz

OLZOG

Bibliographische Information der Deutschen Bibliothek

Die Deutsche Bibliothek verzeichnet diese Publikation in der
Deutschen Nationalbibliographie;
detaillierte bibliographische Daten sind im Internet
über http://dnb.ddb.de abrufbar.

Auflage 2010
ISBN: 978-3-7892-8277-5
© 2010 Olzog Verlag GmbH, München
Internet: http://www.olzog.de

Erstauflage: 46.500
Gestaltung und Satz: Göbel+Gröner Grafisches Atelier GmbH, Berlin
Druck- und Bindearbeiten: Himmer-Druck, Augsburg
Printed in Germany

Inhaltsverzeichnis

„Die Leichtigkeit, mit der gewisse Meinungen allgemein werden, hängt vor allem mit der Unfähigkeit der meisten Menschen zusammen, sich eine eigene Meinung zu bilden.

Der Sinn von Begriffen wie Demokratie, Sozialismus, Gleichheit und Freiheit ist so unbestimmt, daß dicke Bände nicht ausreichen, ihn zu erklären. Und doch knüpft sich eine wahrhaft magische Macht an ihre kurzen Silben, als ob sie die Lösung aller Fragen enthielten.

Die einfache Behauptung ohne Begründung und Beweis ist ein sicheres Mittel, um der Massenseele eine Idee einzuflößen. Je bestimmter eine Behauptung, je freier sie von Beweisen und Belegen ist, desto mehr Ehrfurcht erweckt sie. Sie ist immer wieder zu wiederholen. Das Wiederholte setzt sich in den tiefen Bereichen des Unbewußten fest.

Nie haben die Massen nach Wahrheit gedürstet. Von den Tatsachen, die ihnen mißfallen, wenden sie sich ab und ziehen es vor, den Irrtum zu vergöttern, wenn er sie zu verführen vermag. Wer sie zu täuschen versteht, wird leicht ihr Herr, wer sie aufzuklären sucht, stets ihr Opfer."

Gustave Le Bon (Psychologie des Foules),
Psychologie der Massen (Kröner Stuttgart 1911/1982)

Vorwort

Der Zweite Weltkrieg, der bisher verlustreichste aller Kriege, wurde nicht nur mit dem Ruhen der Waffen, Gebietsverlusten, Flucht und Vertreibung und Reparationen, die dem Besiegten von den Siegern auferlegt wurden, beendet, sondern von den Deutschen wurde als den Besiegten noch zusätzlich eine geistige Unterwerfung erwartet, wie sie in dieser Art bei den bisherigen europäischen Konflikten noch nicht vorgekommen ist. Die US-Regierung hatte Soziologen, Psychologen und Historiker zusammengezogen, um den Deutschen die Verderbtheit ihrer Geschichte vor Augen zu führen. Gemeint war das böse Erbe fehlender Parlamentarisierung und Demokratisierung, es wäre der Fluch der preußischen Staatsauffassung. Die Deutungsmacht über die deutsche Geschichte maßten sich die amerikanischen Sozialwissenschaftler an. Es war die Rede von der Abweichung Deutschlands von den sogenannten westlichen Normen. Diese Grundauffassung richtete sich vor allem gegen Preußen. Wie Professor Hillgruber feststellte, wollten die Alliierten, trotz ihres Wissens um die Vernichtung der Juden durch den NS-Staat, vor allem Preußen materiell und geistig zerschlagen. In Preußen sah man immer noch den gefährlichsten Gegner. Der Nationalsozialismus war nach US-Auffassung eine politische Idee, die man mit den modernen Beeinflussungsmitteln nachhaltig ausmerzen könnte, aber

Preußen war eine Haltung, ein Lebensstil, der sich nicht so einfach verändern ließe. Trotzdem wurde das Ziel der Ausmerzung dieser Idee angestrebt. In ihrer Abneigung gegenüber Preußen spielte die Vertreibung der Ostdeutschen – der Urpreußen – schon vor dem Beginn des Krieges mit der Sowjetunion bei der englischen Regierung eine zentrale Rolle. Die britische Regierung (demokratisch gewählt) drängte seit 1942 auf eine umfassende Vertreibung der Deutschen aus den Ostgebieten und dem Sudetenland. Notfalls war nach britischer Ansicht auch die Anwendung von Terror notwendig, wenn die bäuerliche Bevölkerung entwurzelt werden müsse. Der britische Unterstaatssekretär Sargent forderte sogar, die Preußen aus Ostpreußen und Schlesien nach Sibirien umzusiedeln. Diesem grausamen Menschentransfer stimmte der (demokratisch gewählte) amerikanische Präsident Roosevelt zu, der die Welt ständig glauben machen wollte, er führe den Krieg zur Bewahrung der Menschlichkeit und zur Anerkennung der Menschenwürde. Da mit dieser Vertreibung ein Machtgewinn für die Sowjetunion verbunden war, stimmte natürlich auch Stalin dieser in London ausgebrüteten Vertreibung von 13 Millionen Menschen zu.

Die antipreußische Politik wurde geistig und psychologisch geführt. Die deutsche Lizenzpresse durfte nicht „Friedrich der Große" schreiben, sondern nur „Friedrich II". Der preußisch-militärische Widerstand mit den preußischen Traditionsnamen Tresckow, Witzleben, Kleist, Hardenberg, von der Schulenburg, Lynar und den vielen anderen sollte in den Zeitungen nicht erwähnt werden, weil das der antipreußischen Umerziehung nicht entsprochen hätte. (Professor Michael Balfour, 1946 englischer Presseoffizier, auf der Historikertagung in London im Jahr 1974: „... to suppress the publication of information about the German ‚Widerstand' on the grounds that it was inconvenient to the policies (of Reeducation) of those Governments ...". (Kettenacker „Das andere Deutschland").

Auch das „manual for the control of German information services" vom 12. Mai 1945 sieht es als Teil der Umerziehungsaufgabe an, preußische Konservative keinesfalls in den Medien (Lizenzpresse) zu Wort kommen zu lassen. Ein bekennender Gegner des Nationalsozialismus war der Sozialdemokrat und preußische Innenminister Carl Severing, dem trotz seiner politischen Gesinnung eine Lizenz zur Herausgabe einer Zeitung verwehrt wurde. Er wurde als zu preußisch betrachtet, wahrscheinlich wegen seines Eintretens für eine Zusammenlegung der Reichsregierung mit der preußischen Regierung in der Weimarer Zeit. Sie sahen Severing als zu preußisch an für einen Herausgeber einer „freien" Presse. Gerade im Fall Severing zeigt sich die antipreußische Stoßrichtung der alliierten Umerziehungspolitik besonders deutlich.

Es gibt Autoren, die auch den Einfluß und die Mitwirkung der Sozialwissenschaftler und Psychologen wie Reich, Fromm, Horkheimer, Adorno, Pollock und andere bei der Überprüfung von Lizenzträgern für die Neuzulassung von Presseerzeugnissen erwähnen. (Helmuth Mosberg, Reeducation, Universitas Verlag 1991, München). Doch um die Deutungsmacht über die deutsche

Geschichte wirksam zu erringen, brauchten die alliierten Umerzieher deutsche Helfer. Sie waren in Politik und Wissenschaft schnell und zahlreich zur Hand. „Ein jeglicher wollte als nächster neben dem Sieger sich blähen", (Goethe: Reineke Fuchs). Unter den deutschen Historikern begann trotz gleichartiger gemeinsamer Ziele eine heftige Auseinandersetzung über die Deutung der deutschen Geschichte: Sonderweg, Einzigartigkeit, Kollektivschuld, Aggressivität, Kontinuität, Historikerstreit, apologetisch, konservativ, sozialistisch und wie die Schlagworte bei der Deutung der preußischen Geschichte noch geheißen haben mögen. „In enger Fühlungnahme mit westlicher ‚Forschung' sei die neue Position der Historiker erarbeitet worden", das schrieb Professor Wolfgang J. Mommsen am 1.7.1986 in der Frankfurter Rundschau. Die historische Forschung habe sich an den demokratischen Grundwerten zu orientieren, und dabei sei der preußische Staat zur Unperson verdammt worden. Professor Michael Stürmer wies im Januar 1977 mit Genugtuung darauf hin, daß deutsche Historiker in der Beurteilung des kaiserlichen Deutschlands kaum noch andere Schlußfolgerungen entwickelten als ihre angelsächsischen Kollegen. Einige Jahre später allerdings schilderte derselbe Wolfgang J. Mommsen die deutsche Geschichtsschreibung der letzten Jahrzehnte in seinem zweibändigen Werk über das Kaiserreich, das in den Jahren 1993–1995 erschienen ist: „Die deutsche Geschichte über das Kaiserreich sei zunächst in allzu rosigem Licht gesehen worden, dann sei eine unabweisbare Neuorientierung erfolgt, sodann eine Revision des älteren Bildes vom Kaiserreich, und nun sei in der Tat eine umfassende Deutung überfällig, die eine angemessene Würdigung der großen Leistungen und Hervorbringungen dieser Zeit enthalten müsse." Damit hat ein durchaus nicht konservativ denkender Historiker zugegeben, daß über die preußische Geschichte unzureichend berichtet wurde. Unter den Historikern wurde in der Auseinandersetzung über die deutsche Geschichte jede Erwähnung von Fakten vermieden, nicht einmal eine überzeugende Begründung ihrer Bekenntnisse und apodiktisch vorgetragenen Glaubenssätze wurde von den Diskutanten für notwendig erachtet. Bei diesem Streit kam es natürlich unter den Streithähnen häufig zu personellen Injurien, die das erlaubte Maß gelegentlich auch überschritten.

In Anlehnung an Otto Braun (1872-1955), dem letzten preußischen Ministerpräsidenten in Deutschland, kann dem internationalen Antipreußenkoller nicht mit Behauptungen, sondern nur mit Fakten begegnet werden: aus diesem Grunde ist dieses Buch geschrieben worden.

Preußen als Vorläufer von Hitler?

Von Charles de Gaulle, dem französischen General und
Präsidenten, ist folgender Satz überliefert: „Die Seelengrö-
ße eines Volkes erkennt man daran, wie es nach einem
verlorenen Krieg seine gefallenen und besiegten Soldaten
behandelt." Im Sinne von de Gaulle können wir ergänzen,
daß man die Kultur eines Volkes auch daran erkennt, wie
es zu seiner Geschichte steht. Der Historiker Professor
Heinz Gollwitzer sagte zu diesem Thema: „Es bedeutet
eine Verarmung des Fachs, wenn sich Historiker als Leh-
rer oder Richter über die Vergangenheit aufspielen. Jeder
Historiker hinterläßt einen unangenehmen Eindruck,
wenn er sich der Vergangenheit gegenüber aufs hohe Roß
setzt. Es geht um Gerechtigkeit, es geht um die Einübung
von Respekt. Ein humanes Verhalten gegenüber Mitmen-
schen schließt auch ein humanes Verhalten gegenüber den
Toten, gegenüber unserer Vergangenheit ein." Dieser
Gedanke wurde auch vom Bundesverfassungsgericht aus-
gesprochen. Auf Menschenwürde haben danach nicht nur
die Lebenden, sondern auch unsere Toten Anspruch.
Eigentlich eine Selbstverständlichkeit.

Wie anders klingt da das Gesetz Nr. 46 der Alliierten vom
25. Februar 1947:
„Der Staat Preußen, der seit jeher Träger des Militarismus
und der Reaktion in Deutschland gewesen ist, hat in

14

Wirklichkeit zu bestehen aufgehört. Geleitet von dem Interesse an der Aufrechterhaltung des Friedens und der Sicherheit der Völker und erfüllt von dem Wunsche, die weitere Wiederherstellung des politischen Lebens in Deutschland auf demokratischer Grundlage zu sichern, erlässt der Kontrollrat das folgende Gesetz: Artikel I ,Der Staat Preußen, seine Zentralregierung und alle nachgeordneten Behörden werden hiermit aufgelöst'.“

Alexander Abusch, einer der führenden Ideologen der ehemaligen DDR, schrieb das in hoher Auflage erschienene Buch „Der Irrweg einer Nation“, das den Untertitel trägt: „Die verpfuschte Geschichte der deutschen Nation“, wobei ausdrücklich Preußen als beispielhaft von Abusch behandelt wurde. Er berief sich auf Friedrich Engels und den marxistischen Historiker Franz Mehring, nach dem eine große Straße in dem Berliner Bezirk Kreuzberg benannt worden ist. Diese These, Preußen sei Vorläufer von Hitler gewesen, ist Allgemeingut neomarxistisch geprägter Historiker und Politiker geworden. Auch die drei Frankfurter Professoren Horkheimer, Adorno und Marcuse sahen in der preußischen Erziehung und der daraus entstandenen Verhaltensweise die Ursache für den Nationalsozialismus. In dieser Tonart spielten viele Historiker, an ihrer Spitze Golo Mann. Endlich hielt es auch der von der evangelischen Kirche hochverehrte schweizerische Theologe Karl Barth für notwendig, darauf hinzuweisen, daß von Luther bis zu Hitler eine gerade Linie verlaufe. 90 % der deutschen Bevölkerung seien für Hitler verantwortlich, nicht nur die bekennenden Nationalsozialisten. Ähnlich, vielleicht noch dezidierter, äußerte sich der junge

Amerikaner Daniel Jonah Goldhagen in seinem in hoher
Auflage erschienenen Buch „Hitlers willige Vollstrecker"
(1996). Unter diesen Umständen ist es durchaus verständlich, daß der israelische Journalist und Historiker Tom
Segev in einem Radio-Interview in Berlin im April 2006
sagte, es gebe nur noch zwei Staaten in der Welt, bei denen
Geschichtswissenschaft durch Ideologie ersetzt werde.
Diese seien Israel und Deutschland. Der im Dezember des
Jahres 2005 zurückgetretene Präsident der Berliner Aka-
demie der Künste wiederum, der schweizerische Schriftsteller Adolf Muschg, sagte, man müsse sich schämen, wie
das gegenwärtige Deutschland mit den bedeutenden Bei-
trägen Deutschlands zur Weltzivilisation und Weltkultur
umgehe.

Dies vorausgeschickt, werden wir hier einige Höhepunkte
in der preußisch-deutschen Geschichte behandeln, denen
andere Länder nichts Gleichwertiges entgegenzusetzen
haben. Wir müssen auf den Sozialdemokraten Otto Braun
hören, den demokratischen Ministerpräsidenten Preußens
bis 1932, der nach dem Krieg in einem Briefwechsel mit
seinem Freund 1947 sagte: „Dem international grassieren-
den Antipreußenkoller können wir nur mit Fakten begegnen." Und wer diesen Rat befolgt, wird erstaunt sein, wie
fündig er bei der Behandlung dieser preußischen Fakten
wird.

Mythos Amerika und Mythos Preußen

Zwei Mythen stehen sich gegenüber: der Mythos Amerika
als der Inbegriff des humanen, freiheitlichen und men-
schenfreundlichen Staates und der Mythos Preußen als
der rücksichtslose, menschenverachtende und autoritäre
Staat. Beide Mythen beruhen auf Voreingenommenheit
und einseitiger Verblendung, auf Unwissenheit und mas-
senpsychologischer Beeinflussung. Hierzu gehört zunächst und vor allem die englische und amerikanische
Kriegspropaganda im Ersten Weltkrieg, in der die deutschen Soldaten ehrenrührig stets als Hunnen bezeichnet
wurden. Die verdrängte Erblast der USA dagegen heißt
Sklaverei, völlige Rechtlosigkeit der schwarzen Sklaven,
öffentliche Ermordung von jungen Schwarzen in Gegenwart von Tausenden von Zuschauern (Lynchjustiz) sowie
die Ausrottung von Millionen Angehörigen der Indianer
als Urbevölkerung des Kontinents. Um sie öffentlich lyn-
chen zu können, wurde den jungen schwarzen Männern
ein intimes Verhältnis mit weißen Frauen vorgeworfen.
Ob diese angebliche Beziehung auf Freiwilligkeit oder
Gewalt beruhte, wurde dabei nicht untersucht. Das war
für die weißen Rassisten ohne Bedeutung. Die weißen
Häscher bemächtigten sich der jungen Schwarzen in der
Regel ohne gerichtliche Untersuchung und ermordeten sie
in Gegenwart von Tausenden von Zuschauern auf die
bestialischste Weise. Polizei und Justiz schritten nicht ein.

In den Ausdehnungsjahren der USA am Anfang des 19. Jahrhunderts setzten sich die Siedler, etwa 6 Millionen an der Zahl, zu ca. 90 % aus Engländern zusammen. Heuschreckengleich fielen sie über den amerikanischen Kontinent her, töteten Männer, Frauen und Kinder der Ureinwohner, schleppten Sklaven auf ihre Farmen, vernichteten mit der Tötung von Millionen von Büffeln die Lebensgrundlage der Ureinwohner und unterwarfen sich auf diese Weise 7,5 Millionen qkm Erde und erklärten sie zu ihrem Land. Zur Durchsetzung ihrer wirtschaftlichen Interessen verübten die Siedler Gewaltpolitik mit der sogenannten „offenen Tür" in China; sie betrieben die Abtrennung Panamas von Kolumbien und unternahmen eine konsequente Interventionspolitik mit dem sogenannten „big stick" in Südamerika. Hinzu kamen: Krieg gegen Spanien, Annexion von Hawaii, Guam, Puerto Rico und der Philippinen; erzwungene Stützpunkte auf Kuba. Der Sezessionskrieg 1861/65 wurde gegen den Willen der Südstaaten um die Erhaltung der Konföderation geführt. Zum ersten Mal wurde im Sezessionskrieg die Taktik der verbrannten Erde praktiziert. Auf einem Streifen von 100 km Breite entlang dem Mississippi und seinen Nebenflüssen Tennessee und Cumberland wurden von den Nordstaaten alle Häuser zerstört, alle Felder verbrannt, alle Tiere getötet (Anakonda-Plan, durchgeführt 1862 bis Juli 1863). Diese Taktik richtete sich gezielt gegen die Zivilbevölkerung der Südstaaten, gegen die daheim gebliebenen Frauen und Kinder. Der preußische Generalfeldmarschall Helmuth von Moltke meinte damals, diese Männer seien Marodeure und keine Soldaten. Hier sprach ein Preuße.

An dieser Stelle sollten wir uns nicht scheuen, auch die unbegreiflichen Grausamkeiten der Führungsschicht der USA, nicht der amerikanischen Bevölkerung, im Zweiten Weltkrieg zu erwähnen. Deutschland war im Januar 1945 zu echtem Widerstand nicht mehr fähig, es war vollständig besiegt. Trotzdem erhielten die amerikanischen Flieger den Befehl, auf alles zu schießen, was sich bewegt, also auch auf Frauen und Kinder, die sich auf der Flucht befanden. Damit sollte der Widerstandswille der Menschen gebrochen werden. Es war kein Heldenstück, denn die alliierten Flieger bewegten sich über deutschem Gebiet ohne jede Gegenwehr. Das schrieb der erfolgreiche amerikanische Jagdflieger und spätere US-General Chuck Yeager in seiner Autobiographie (Autobiography, Toronto 1986; Seiten 79, 80).

Als noch viel schwerwiegender ist der Befehl des US-Präsidenten Truman zu bewerten, im August 1945 auf zwei japanische Städte, Hiroshima und Nagasaki, Atombomben zu werfen. Japan hatte zu diesem Zeitpunkt bereits über schwedische Kanäle um Friedensverhandlungen nachgesucht. Wie muß das rechtlich und menschlich bewertet werden, wenn trotzdem die grausamste aller Waffen auf die Zivilbevölkerung abgeworfen wird und dabei Zehntausende von alten und jungen Menschen den Tod finden?

Religionsfreiheit

Beginnen wir nun im Jahr 1609. Der Kurfürst Johann Sigismund erbte durch Heirat mit der Herzogin Anna von Preußen nicht nur Preußen, sondern auch das niederrheinische Herzogtum Kleve mit Mark und Ravensberg. Er trat zum Kalvinismus über. Im Gegensatz zu dem bis dahin geltenden Grundsatz „cuius regio eius religio" – „wessen das Gebiet, dessen der Glaube" – gestattete er seinen Untertanen freie Religionsausübung. Es war ein Akt der Menschlichkeit, den Menschen die Entscheidung, welcher Religion sie folgen wollen, ihren persönlichen Neigungen zu überlassen und sie nicht zum Glauben des Fürsten zu zwingen. Dieser Zwang ging damals üblicherweise so weit, daß die Bürger gegen ihre innere Überzeugung den Glauben des Fürsten annehmen oder zumindest diesen Glauben im täglichen Leben praktizieren mußten. Der Zwang zum regelmäßigen Kirchenbesuch einer innerlich abgelehnten Religion war seelische Vergewaltigung. Eine Nichtbefolgung dieses religiösen Zwanges konnte leicht eine Denunziation durch neidische oder böswillige Nachbarn provozieren, was dann im schlimmsten Fall in einen Ketzerprozeß (Hexenprozeß) münden konnte. Das „Allgemeine Landrecht für die preußischen Staaten" (ALR) bestimmte im II. Teil, Titel 11, §2:

Jedem Einwohner im Staate muß eine vollkommene Glaubens- und Gewissensfreiheit gestattet werden.

Und in § 4:
Niemand soll wegen seiner Religionsmeinung beun-
ruhigt oder sogar verfolgt werden.

Dieses Gesetz trat zwar erst im Jahre 1794 in Kraft, aber
es beruhte auf den staatlichen Gegebenheiten, wie sie sich
mindestens in den vorausgegangenen 100 Jahren unter
den preußischen Königen entwickelt hatten. Darauf
kommt es an. Auf diese Weise wurde Brandenburg der
erste Staat, der seinen Untertanen Religions- und
Bekenntnisfreiheit gewährte. Historisch stehen wir vor
einem Wendepunkt in der europäischen Geschichte. Seit-
dem gehört die Religionsfreiheit zur Staatsräson des brandenburg-preußischen Staates, der mit dieser Regelung ein
allgemeines Modell für die europäischen Staaten schuf.
Früher oder später übernahmen sie alle diese preußische
Glaubenstoleranz. Preußen wurde damit das europäische
Vorbild für Religions- und Glaubensfreiheit. Friedrich der
Große hat dann später an den Rand eines Berichts geschrieben: „Die Religionen müssen alle toleriert werden,
denn hier muß ein jeder nach seiner Fasson selig werden."
Religionsfreiheit bedeutet Bekenntnisfreiheit, der Bekenntnisfreiheit folgt Meinungsfreiheit, aus dieser wiederum entsteht Rede- und Schreibfreiheit – Rechte, die für
uns heute selbstverständlich sind. Die Diskriminierung
anderer Religionen, insbesondere von der Kanzel, wurde
im „Allgemeinen Preußischen Landrecht" (ALR), dem
Gesetz Friedrichs des Großen, sogar gesetzlich verboten.
Die Aufnahme von protestantischen Flüchtlingen, die in
ihren Heimatländern Frankreich und Salzburg wegen
ihres Glaubens mit dem Tode bedroht waren, gehörte

ebenso zu den humanen Entscheidungen des preußischen Staates. Es waren Tausende von Menschen, die in Preußen eine neue Heimat fanden. Erinnert sei nur an die Bluthochzeit in Paris im Jahre 1572, in der auf Befehl König Karls IX. in Paris Tausende von Protestanten niedergemetzelt wurden. Der Befehl des Königs lautete, alle Hugenotten als Feinde der Krone zu vernichten. Die katholische Kirche in Spanien fand lebhafte Genugtuung an diesem Massenmord. Preußen setzte hier ein leuchtendes Signal der Menschlichkeit. Daran ändert auch nichts, daß Preußen die protestantischen Flüchtlinge aus Frankreich und aus Salzburg im eigenen Interesse gerne bei sich aufnahm.

In Berlin auf dem Fridericianum, dem wichtigsten Platz des protestantischen Preußens und unmittelbar am Schloß gelegen, der Platz wird heute nach dem intoleranten sozialistischen Ideologen August Bebel benannt, baute der König die katholische Hedwigskirche. Auch hierin wird die großzügige Religions-Toleranz Preußens sichtbar.

Hexen- und Ketzerverfolgung

Aus der Geisteshaltung von Gedankenfreiheit und Religionsfreiheit erwuchs in Preußen die Beendigung der Hexenverfolgung am 13. Dezember 1714. Die Hexen- und Ketzerverfolgung gehörte zu dem Grausamsten und Furchtbarsten, was man einem Menschen antun konnte. Über 500 Jahre lang beherrschte diese grausame Folterung und Tötung von Menschen die europäischen Staaten. Da auch Luther an den Teufel glaubte, war die Hexenverfolgung nicht auf die katholische Kirche beschränkt. Kein Fürst wagte es, der Kirche in den Arm zu fallen. Erst Friedrich Wilhelm I., der Soldatenkönig, damals gerade 26 Jahre alt, bestimmte, daß in seinem Staat jeder Beschluß, der auf die Vollziehung der Folter erkannte und jedes nach einem Hexenprozeß ergangene Todesurteil ihm persönlich zur Bestätigung vorgelegt werden müsse. Das Erfordernis dieser Konfirmation durch den König bedeutete bereits 1714 die Abschaffung von Folter und Hexenprozessen in Preußen, denn der König hat diese Konfirmation niemals erteilt. Ein strenggläubiger christlicher Herrscher in Europa fand als erster den Mut, in seinem Staat diese unmenschliche Praxis der Kirche zu unterbinden. Die anderen europäischen Staaten folgten mehr als 50 oder sogar erst über 100 Jahre später nach.

Folter- und Hexenprozesse wurden gesetzlich abgeschafft

in	im Jahre
Baden	1767
Mecklenburg	1769
Sachsen und Dänemark	1770
Österreich	1776
Frankreich	1789
Rußland	1801
Bayern und Württemberg	1809
Hannover	1822
Gotha	1828
Spanien	1834
Italien	1859

Sklavenhandel

Wenden wir uns dem Sklavenhandel zu. Der Sklavenhandel, vorwiegend mit Schwarzen, war finanziell äußerst lukrativ und lag daher im 18. Jahrhundert sozusagen in der Luft. Durch den Sklavenhandel hat England im 18. Jahrhundert einen ungeheuren Reichtum erworben. England war – selbst im Vergleich mit Spanien und Portugal – die größte Sklavenhändlernation der Weltgeschichte. Aus finanziellen Gründen betätigten sich im Jahr 1690 unter dem Kurfürsten Friedrich III., dem späteren König Friedrich I. in Preußen, auch in Brandenburg Kaufleute mit dem Sklavenhandel, um dem verarmten Brandenburg finanziell zu helfen. Doch Friedrich Wilhelm I., der Soldatenkönig, duldete auch hier keine Unmenschlichkeit, keine Sklaverei. So kam selbst der nur aus wenigen hundert Sklaven bestehende Sklavenhandel durch brandenburgische Kaufleute schon zum Anfang des 18. Jahrhunderts in Brandenburg-Preußen zum Erliegen. Die Kaufleute hatten in Pillau ein Schiff bauen lassen und nannten es „Friedrich Wilhelm zu Pferde". Sie stellten einen holländischen Kapitän zu seiner Führung ein und ließen es mit Sklaven über den Atlantik nach Südamerika in die Karibik fahren. Nach den nur spärlich vorhandenen Unterlagen fuhr das Schiff zweimal über den Atlantik und wurde dann von holländischen und französischen Schiffen versenkt. Eine Fortsetzung des Sklaven-

handels wäre schon deswegen schwierig gewesen, weil der
Handel nur mit gecharterten Schiffen hätte fortgesetzt
werden können. Brandenburg verfügte nicht über weitere
eigene Schiffe. Neben diesen tatsächlichen Gegebenheiten
war aber die Entscheidung des preußischen Königs Friedrich Wilhelm I. für die Beendigung des Sklavenhandels
maßgebend. Diese Unterbindung des Sklavenhandels
wurde von Friedrich dem Großen fortgesetzt. Er ließ
sogar in seinem „Allgemeinen Landrecht für die Preußischen Staaten" in den §§ 196 und 197 des 5. Titels vom
II. Teil die aktive und passive Sklaverei verbieten. Nach
Schätzungen sind im 18. Jahrhundert etwa 10 Millionen
schwarze Menschen von den afrikanischen Stammes-
häuptlingen an die Sklavenhändler, vorwiegend an Eng-
länder, aber auch an Dänen und Holländer, verkauft worden. Etwa 5 Millionen Sklaven sind dann später auf den
Schiffstransporten umgekommen. Weitere 10 Millionen
Schwarze kamen bereits auf dem innerafrikanischen
Transport zur Küste ums Leben, haben es daher nicht bis
zum Verkauf an die Händler geschafft.

Ideologische Preußengegner machen in diesem Zusammenhang geltend, daß es zwar keine Sklaverei in Preußen
gegeben habe, aber dafür in seiner Auswirkung eine
gleichartige, die persönliche Freiheit einschränkende sogenannte Leibeigenschaft. Es ist zutreffend, daß es in den
osteuropäischen Staaten, hierzu gehörten die östlichen
Gebiete Preußens, Rußland, Polen und andere Staaten,
ein Verhältnis von Bauern zu den Grundherren existierte,
das mit Leibeigenschaft oder Erbuntertänigkeit bezeichnet wurde. Es handelte sich um Frondienste der Bauern,

die es im Westen (bei Kurfürsten und weltlichen wie kirchlichen Fürsten als Hand- und Spanndienste) ebenfalls gegeben hatte. Sie hatten in Preußen eine rechtlich andere Ausprägung. Keinesfalls kann ein Sklave mit einem erbuntertänigen Bauern in Preußen gleichgesetzt werden. Es fehlt schon am privatrechtlichen Eigentum, das der Sklavenhalter durch Kauf am Sklaven erwarb. Der Sklave war Sache und unterlag der freien Verfügungsmacht seines Herrn. Eine solche Rechtlosigkeit der Bauern bestand nur in Rußland vor und nach der Zarin Katharina II., die 1785 mit dem Erlaß der „Schalowannaja Gramota" die Leibeigenschaft zu Gunsten des Adels noch verschärfte. Die Gutsherren konnten über die leibeigenen Bauern wie lebendes Privateigentum nach eigenem Ermessen verfügen. Mit der Schenkung von Landbesitz an „verdiente" Adlige wurden die bisher freien Bauern automatisch Leibeigene. Auf diese Weise wurden zu einer Zeit, in der in Deutschland die Bauernbefreiung vorbereitet wurde, nach Schätzungen von Historikern über 1 Million Bauern in Rußland „rechtlose Seelen". Der erbuntertänige Bauer in Preußen dagegen war Subjekt mit Rechten und Pflichten, die von der Rechtsordnung geregelt waren. Dem Erbuntertänigen standen Bauernschutz und Fürsorgepflichten der Gutsherren gegenüber. Es gehörte zu den Pflichten des Gutsherrn, für Gebäude, Wohnung, Getreide, Saatgut, Ackergerät und andere Werkzeuge und für ein bescheidenes, aber ausreichendes Alterseinkommen zu sorgen. Diese Pflichten haben die preußischen Gutsherren sehr ernst genommen. Nach der gesetzlichen Aufhebung der Erbuntertänigkeit (Bauernbefreiung) im Jahre 1807 bemerkte Karl Marx: „In den meisten preußischen

Provinzen sicherte Friedrich II. den Bauern ihre Eigentumsrechte. Nach der Eroberung Schlesiens zwang er die Gutsherren zur Wiederherstellung der Hütten, Scheunen usw., zur Ausstattung der Bauernhöfe mit Vieh und Gerät." (Hans Bentzien in „Friedrich II.").

Nach der Aufhebung der Erbuntertänigkeit konnten viele der befreiten Bauern ihre neue Lage nicht meistern, denn dazu gehörte vor allem, für den eigenen Unterhalt und für den von Frau und Kindern aufzukommen. Nicht wenige sehnten sich nach der Lebenssicherheit zurück, die der Gutsherr ihnen bis zum Tode geboten hatte.

Das geschichtlich gewachsene Verhältnis der Gutsherren zu ihren „untertänigen" Bauern mit der Sklaverei gleichzusetzen, ist in höchstem Maße unseriös. Selbst mit den russischen Zuständen wäre eine solche Gleichsetzung unzulässig. Heimat, Familie und Sprache wurden dem Sklaven genommen. Er war ein „Nichts" und durfte beliebig verkauft, sogar getötet werden. Dieses Schicksal widerfuhr nicht einmal den zaristischen Leibeigenen.

Einigungskriege 1861/1871

Die USA und Deutschland führten im 19. Jahrhundert fast zur gleichen Zeit Kriege um ihre Einheit. In Deutschland versuchte Preußen unter dem preußischen Ministerpräsidenten Otto von Bismarck die deutsche nationale Einheit von 22 Ländern und 3 Stadtstaaten herzustellen. Diese Einheit entsprach nicht dem Willen Österreich-Ungarns und Frankreichs; auch Rußland fürchtete um seinen Einfluß in Europa.

In den Vereinigten Staaten dagegen ging es nicht um die Begründung eines einheitlichen Staates, sondern um seine Erhaltung. Südkarolina und andere vorwiegend landwirtschaftliche Staaten des Südens hatten ihre Unabhängigkeit von den Nordstaaten erklärt. Die in den beiden Kontinenten entstandenen Kriege wurden daher als Einheitskriege bezeichnet. Es ging in Deutschland um die Erlangung und in den USA um die Bewahrung der Einheit.

Zu diesen Einheitskriegen gehörten der Krieg Preußens gegen Österreich (1866) und der Sezessionskrieg der USA (1861–65). Der Hauptunterschied bestand in der Art der Kriegsführung. Die preußischen, österreichischen und sächsischen Truppen kämpften ritterlich, diszipliniert und unter größtmöglicher Schonung der Zivilbevölkerung, wie es übrigens auch in dem Freundschaftsvertrag der

USA mit Preußen 1785 bestimmt worden ist. Als Folge ergaben sich im Krieg 1866 Österreich/Preußen angesichts der Gesamtstärke der beteiligten Armeen von 900.000 Mann die verhältnismäßig geringen Verluste von 12.945 Gefallenen auf beiden Seiten.

Demgegenüber kämpften die Truppen der amerikanischen Demokratie mit unbeschreiblicher Rücksichtslosigkeit gegenüber der Zivilbevölkerung. Mit 600.000 Toten war dieser Krieg der blutigste Einzelkrieg des 19. Jahrhunderts. Ende des 18. Jahrhunderts bestand die Bevölkerung der USA vermutlich aus zirka 6 Millionen Engländern und 1 Million Sklaven. Außerdem lebten schätzungsweise 2 bis 3 Millionen Indianer in Nordamerika: Navajo, Apachen, Irokesen, Huronen, Cherokee, Choctaw-Muskogee, Seminolen, Apalachee, Sioux, Pawnee, Kiowa, Yuma, Pueblo-Indianer, Shoshone, Ute und Comanchen. Bei der amtlichen Zählung 1890 wurden noch 250.000 Indianer festgestellt; unter Berücksichtigung der geburtlichen Vermehrung kann man annehmen, daß bis 1860 nur 150.000 Indianer ihrer Vernichtung durch Krieg, Hunger, Krankheit und Alkohol entgangen sind.

Die Art, wie sich die englisch geborene Bevölkerung in Amerika des Indianerproblems entledigt hat, erinnert an die Behandlung der selbständigen Bauern (Kulaken) in Rußland durch Stalin, der gegenüber dieser Bevölkerungsgruppe mit Landwegnahme, Isolation und Aushungern in ähnlicher Weise vorgegangen war. Indianer waren die Abgesandten des Teufels, die vernichtet werden mußten, weil sie dem wahren Glauben und der englischen

Zivilisation entgegenstanden. Puritanische Geistliche verbreiteten erfundene Schreckensbilder über die Grausamkeiten und Gewohnheiten der Indianer, die ihre Ausrau-
bung und Vernichtung rechtfertigen sollten. Die gesamte
sogenannte Westernliteratur und die sogenannten We-
sternfilme folgten diesem Muster. Die Indianer als min-
derwertige Barbaren darzustellen, diente nur dem Zweck,
die Hemmung abzubauen, sie zu töten. Für jeden getöte-
ten Indianer erhielten die weißen Siedler eine Kopfprämie,
wenn sie die abgezogene Kopfhaut des Opfers als Beweis
vorlegen konnten. Das Skalpieren war keine Gewohnheit
der Indianer, sondern eine Idee der englischen Siedler.
Die Kriege gegen die Indianer, die mit dem Massaker der
Sioux bei Wounded Knee ihren Höhepunkt erreichten,
waren eine einzige Geschichte von Verbrechen und Betrug, es war die Ausrottung von ganzen Indianerstämmen
und ihrer Kultur. Die Überzeugung rassischer, mora-
lischer und religiöser Überlegenheit (Rassismus), gepaart
mit unbegrenztem Großmachtstreben, war die teuflische
Grundlage für die amerikanischen Verfehlungen an den
Indianern.

Rechtsstaat

Auch von den heftigsten Kritikern Preußens wird nicht bestritten, daß dieser Staat der erste Rechtsstaat war. „In eigener Person Recht zu sprechen, ist eine Aufgabe, die kein Herrscher zu übernehmen vermag. Vor Gericht sprechen die Gesetze, der Herrscher muß schweigen." Das waren die Worte Friedrichs des Großen. Zum ersten Mal gab ein Staat dem Bürger die Möglichkeit, mit dem König zu prozessieren. In § 18 der Einführung des „Allgemeinen Preußischen Landrechts" heißt es: „Rechtsstreitigkeiten zwischen dem Oberhaupte des Staates und seinen Untertanen sollen bei den ordentlichen Gerichten nach den Vorschriften der Gesetze entschieden werden." Das war etwas Außerordentliches im 18. Jahrhundert. Wieder war Preußen ein Vorbild! Außerordentlich war es auch, daß sich der Schutz des Staates auf die in Preußen lebenden Ausländer und Flüchtlinge erstreckte. Pogrome wurden in Preußen gegen keine Bevölkerungsgruppe geduldet.

Die Einteilung der Staatsformen folgt bis in die Gegenwart der Lehre des Aristoteles: Monarchie, Aristokratie, Demokratie, oder in der heutigen Sprache ausgedrückt: Einzelherrschaft, Herrschaft einer bevorzugten Klasse und Volksherrschaft. Später sprach man noch zusätzlich von einer Theokratie, bei der die Gottheit selbst durch ihre Priester regiert (Gottesstaat in reiner Form). Mit dem „cuius regio, eius religio" entstand eine Mischform, bei der der Kirche ein überragender Einfluß auf die jeweilige Regierung zustand. Diese Art des Gottesstaates, das heißt eines Staates unter bedeutendem Einfluß der Kirche, konnte sowohl in einer Monarchie als auch in einer Demokratie bestehen. Das gilt natürlich in gleicher Weise für eine konstitutionelle Monarchie, in der sich die Kirche ebenfalls einen erheblichen Einfluß anmaßte. Alle diese Staatsformen standen gleichberechtigt nebeneinander. Niemand wäre auf den Gedanken gekommen, der einen Form der Regierung der anderen gegenüber einen überlegenen moralischen oder staatsrechtlichen Wert beizumessen. Der Dünkel und die Arroganz der angeblichen moralischen Überlegenheit eines Staates und seiner Staatsverfassung über einen anderen sind das Ergebnis des modernen Zeitalters, also der heutigen Zeit. Auf diesem Gebiet zeichneten sich und zeichnen sich die beiden angloamerikanischen Staaten England und die USA besonders aus, obwohl sie angesichts ihrer eigenen Geschichte nicht den geringsten Grund für ihren Überlegenheitsdünkel haben.

Bismarck hat diese Entwicklung aufgrund seiner phänomenalen politischen Einsichten vorausgesehen, indem er am 17. September 1878 im Deutschen Reichstag sagte: „Und im Zuchthaus, da ist wenigstens ein Aufseher, ein Mensch, ein achtbarer Beamter, den man „anfassen", über den man sich beschweren kann, aber wer werden die Aufseher sein in dem sozialistischen Zuchthaus? Das werden die unbekannten Redner sein, die durch Beredsamkeit die große Masse, die Majorität der Stimmen für sich gewinnen, gegen sie wird kein Appell sein, das werden die erbarmungslosesten Tyrannen sein." Und zu den Rednern, die Bismarck hier im Auge hatte, gehört heute in erster Linie das Fernsehen, das auf die Mentalität der Menschen durch die Programmgestaltung und Programmauswahl wohl den größten geistigen Einfluß ausübt.

Georg Wilhelm Friedrich Hegel (1770-1831), in Stuttgart geborener preußischer Staatsphilosoph (wohl der preußischste unter allen Philosophen), postulierte: „Die beste Staatsform ist die rechtsstaatliche Monarchie!"

Erst zu Beginn des 19. Jahrhunderts ist der Begriff des Rechtsstaats geprägt worden. Für den einzelnen Bürger spielt es keine Rolle, ob seine Rechte gegenüber dem Staat gestärkt oder ob die Herrschaftsrechte gegenüber den Bürgern eingeschränkt werden. Es ist ein Spiel mit Worten. Entscheidend bleibt, daß die Individualrechte gestärkt und die Maßnahmen der Verwaltung durch Rechtssätze gebunden wurden. Der bekannte Staatsrechtler und Politikwissenschaftler Theodor Eschenburg, der mit 95 Jahren im Jahre 1999 gestorben ist, sagte durchaus zutreffend: „Der Rechtsstaat ist wichtiger als der Parlamentarismus." Und Preußen war ein Rechtsstaat. Unsere heutige Gerichtsverfassung stammt immer noch aus der Zeit, in der Deutschland unter dem Einfluß Preußens stand.

Viele Staaten, an der Spitze Japan, haben das preußisch-deutsche Rechtssystem übernommen. Rechtssicherheit und Gleichbehandlung gehören zu den unersetzlichen Voraussetzungen eines Rechtsstaats. Ein Staat, der Lynch-

morde duldet, verfehlt daher die Eigenschaft eines Rechtsstaats. Vom Anfang des 20. Jahrhunderts bis 1942, also
über einen Zeitraum von 42 Jahren, wurden in den USA
fast 5.000 Menschen durch Lynchjustiz unter dem Beifall
von Hunderten von Zuschauern auf die grausamste Weise
umgebracht. (Manfred Berg in: Historische Zeitschrift
Band 283, S. 583-616). „Colored man roasted alive" oder
„Negro Barbecue" wurden diese Morde genannt. Gegen
diese gnadenlosen und unmenschlichen öffentlichen Morde an Menschen mit dunkler Hautfarbe griffen weder
Justiz noch Polizei in den USA ein. Ein solches Verhalten
schließt die Verwendung der Bezeichnung „Rechtsstaat"
aus.

Die hohe Rechtskultur Preußens wird an einem Beispiel
besonders deutlich: Rudolph Hertzog jr., der Kaufhauskö-
nig von Berlin, kaufte sich als erster in Berlin ein Auto. Es
war ein Horch Cabriolet mit schwarzem Verdeck aus
Zwickau. Die Polizei registrierte es unter „I A-1". Zwei
Jahre später schaffte sich auch der Kaiser ein Auto an, es
war ein Daimler. Er wollte aus Prestigegründen nicht mit
der Nummer „I A-2" fahren und bat daher die Polizei,
Rudolph Hertzog jr. zur Freigabe der Nummer „1" zu bewegen. Hertzog weigerte sich. Es kam zum gerichtlichen
Prozeß, bei dem der Kaiser unterlag. Der Polizeipräsident
gestattete dem Kaiser daraufhin, ohne Kennzeichen zu
fahren. Was lernen wir daraus? In diesem angeblich so
autoritären, militaristischen und obrigkeitlichen Staat
konnte der allmächtige Kaiser nicht einmal das Kennzeichen seines Autos durchsetzen. Das Recht hatte Vorrang.

Wahlen in Preußen

Die Einführung des allgemeinen, gleichen und geheimen Wahlrechts in Deutschland im Jahr 1871 für die Wahlen zum Reichstag durch den Preußen Bismarck gehört ebenfalls zu den bleibenden Verdiensten Preußens. Nur in Frankreich bestand ein ähnliches Wahlsystem, aber im Gegensatz zu Deutschland mit unzähligen Abweichungen und Fälschungen bei der praktischen Ausführung.

Das Dreiklassenwahlrecht, das unmittelbar in Preußen und Sachsen bis 1918 Gültigkeit hatte, wird von den Kritikern Preußens, besonders von den Sozialdemokraten, aus agitatorischen Gründen politisch überbewertet. Die wichtigen Gesetze wurden nicht im preußischen oder im sächsischen Landtag, sondern im Reichstag verabschiedet. Während im Jahr 1914 in England ganze 16% der Bevölkerung nach dem englischen Klassenwahlrecht wahlberechtigt waren, durften in Preußen selbst nach dem Dreiklassenwahlrecht immerhin 21% der Bevölkerung zur Wahlurne gehen. In beiden Ländern waren männliche Bewohner vom 25. Lebensjahr an wahlberechtigt. Nur in Frankreich betrug das Wahlalter schon 21 Jahre.

Die Angriffe der Sozialdemokraten gegen das Dreiklassenwahlrecht hatten und haben keine sachlichen, sondern ausschließlich demagogische Gründe. Der vermögende Abkömmling einer jüdischen Unternehmerfamilie Paul Singer, der den bedeutenden Zeitungsverlag der SPD leitete, war ein rhetorisch begabter und daher eindrucksvoller Abgeordneter der SPD im Reichstag. Er sagte: „Preußens herrschende Klassen müssen erfahren, wie das Proletariat über ihre freiheitsmörderische volksfeindliche Politik denkt. Der Kampf um das Wahlrecht wird in Preußen den Gipfel unserer Propaganda und Agitation bilden." Deutlicher konnte man die Einschätzung des Dreiklassenwahlrechts durch die SPD nicht ausdrücken. Es war die propagandistische, nicht die sachlich gebotene Zielscheibe der Parteipropaganda der SPD. Im Jahre 2010 heißt das agitatorische Schlagwort nicht Dreiklassenwahlrecht, sondern „Soziale Gerechtigkeit". Auch das dient in erster Linie der propagandistischen und demagogischen Beeinflussung. Die von Paul Singer mit „herrschender Klasse" bezeichnete Regierung duldete immerhin 160 Zeitungen der Gewerkschaften und der Sozialdemokraten. Für einen Jahresbeitrag von (umgerechnet) nur 4 Euro hat die Deutsche Reichspost diese Zeitungen an die Abonnenten ein ganzes Jahr lang zugestellt. Eine so große Zahl von regierungsfeindlichen Zeitungen zu dulden, ist Ausdruck von Toleranz und gehört zu der humanen Bilanz Preußens.

Die amerikanische Professorin an der Berkeley Universität in Kalifornien Margaret Lavinia Anderson beschreibt die rechtlichen Verhältnisse bei den Wahlen im Deutschen Kaiserreich in ihrem bedeutenden Buch „Lehrjahre der Demokratie". Im einzelnen sagt sie: „Auffällig ist die Abwesenheit von Bestechung oder Bestechungsversuchen in

Deutschland. Im Vergleich zu den Vereinigten Staaten waren die Deutschen eine außergewöhnlich gesetzestreue Gesellschaft. Wahlfälschungen im großen Stil waren im Deutschen Kaiserreich unbekannt. Die Deutschen begriffen sich als ein gesetzestreues Volk. Sie trauten dem Recht, das durch die Vorschriften eines Gesetzes, einer Verordnung oder einer Genehmigung definiert wird. Die Bürger des Kaiserreichs waren stolz darauf, einem Rechtsstaat anzugehören. Der Staat wurde gemäß den festgelegten Richtlinien regiert, die für den Regierenden ebenso wie für die Regierten bindend waren."

Obwohl die Wahlprotokolle (Anfechtungen) schon seit Jahrzehnten in den Archiven des Reichstags zugänglich waren, hat sich noch kein deutscher Wissenschaftler der Auswertung dieser Unterlagen angenommen. Erst die amerikanische Gelehrte hat mit ihrer Arbeit erstaunliche Erkenntnisse zutage gefördert, die vieles von dem, was bisher als unumstößlich galt, mit überzeugenden Belegen infrage gestellt hat. Daher konnte der deutsche Professor Dr. Gerhard A. Ritter in seiner Rezension feststellen, wer heute über das Kaiserreich schreibt, muß dieses Buch der Lavinia Anderson gelesen haben (Historische Zeitschrift, Band 275, S. 385 ff., R. Oldenbourg, München 2002).

Sozialistengesetz

Ein beliebtes und bei jeder Gelegenheit hervorgekramtes Argument gegen die Menschlichkeit des preußischen Staates ist das sogenannte Sozialistengesetz vom 21. Oktober 1878, das 1890 nicht mehr verlängert wurde und daher außer Kraft trat. Die Sozialdemokratie war eine Revolutionspartei, sie nannte sich 1875 „Vereinigte sozialistische Arbeiterpartei". Auf dem Parteitag von 1899 in Stuttgart wurde eine Entschließung einstimmig angenommen, wonach von den bisherigen Grundsätzen nicht abgewichen werden sollte. Diese Grundsätze enthielten die Forderung nach Klassenkampf, nach Enteignung und nach Verwirklichung der sozialistischen Ziele. Auch später wurde dieses Bekenntnis zum Klassenkampf wiederholt. Damit enthielt das Programm der Sozialdemokratie die Absicht zum Umsturz der staatlichen Ordnung und zur **Abschaffung der Toleranz gegenüber Andersdenkenden, eines wichtigen Elements der Demokratie**. Der Staat setzte sich hiergegen zur Wehr. Bismarck wollte sich für diesen Zweck des Strafgesetzbuches, ähnlich wie in der Bundesrepublik Deutschland, bedienen. Doch das lehnte der Reichstag ab. Den Ausweg fand Bismarck im sogenannten Sozialistengesetz, wonach Vereine, die den Umsturz der bestehenden Staats- und Gesellschaftsordnung anstreben, zu verbieten waren. Das sogenannte Sozialistengesetz ist vom Reichstag auf verfassungsgemäßem Weg mit

Mehrheit der Parteien verabschiedet worden. Es war daher kein rechtswidriges Gesetz, wie Professor Heinrich August Winkler es in seinem Buch „Streitfragen der deutschen Geschichte" (Seite 38) behauptet. Es war das rechtmäßig zustande gekommene Gesetz zum Schutz des Staates vor einem gewaltsamen Umsturz.

Druckschriften und Versammlungen, die dem gleichen Zweck dienten, konnten ebenfalls verboten werden. Zum Verbot im engeren Sinne der Sozialdemokratie ist es jedoch nicht gekommen. Die Sozialdemokratie konnte sich stets ungehindert an den Wahlen beteiligen und hat gerade während des Sozialistengesetzes einen nie wieder erreichten Erfolg bei den Wahlen erzielt. 1878 betrug ihr Stimmanteil 7,6 %, im Jahre 1893 stieg dieser Anteil auf 23,3 %, und zwar trotz der enorm gestiegenen Bevölkerungszahl im Deutschen Kaiserreich. Schon hieraus erkennt man, daß die Sozialdemokratie trotz des Sozialistengesetzes durchaus in der Lage war, sich als Partei in den Wahlkämpfen entsprechend zu profilieren. Der Staat hat das geduldet. Druckschriften und Werbung, die den Umsturz des Staates mit der Gesellschaftsordnung propagierten, konnten vom Staat nach dem Gesetz unterbunden werden.

Die entsprechenden Bestimmungen der Bundesrepublik Deutschland sind wesentlich strenger und rigoroser. Im Strafgesetzbuch in der Fassung vom 2. August 2000 sind nicht nur Umsturzbestrebungen strafbar, sondern die Verunglimpfung, die Beschimpfung oder die Verächtlichmachung der verfassungsmäßigen Organe der Bundesrepublik Deutschland stehen ebenfalls unter beträchtlichen Strafandrohungen. Sogar die Bestrebungen gegen Verfassungsgrundsätze werden heute bestraft. Wer sich gegen die föderalistische Struktur der Bundesrepublik Deutschland wendet, macht sich strafbar. Dieses strenge politische Gesinnungsstrafrecht entspricht nicht demokratischem Geist. In dieser Hinsicht war das Deutsche Kaiserreich selbst unter dem Sozialistengesetz wesentlich großzügiger und liberaler als die Bundesrepublik Deutschland. Die Abgeordneten der Sozialdemokratie konnten auch während der Geltungsdauer des Sozialistengesetzes ihre Reden im Parlament ungehindert mit Druckschriften verbreiten. Das Sozialistengesetz als eine undemokratische, ja sogar rechtswidrige Einrichtung des Kaiserreichs zu bezeichnen, ist völlig unberechtigt und dient lediglich als ein Totschlagsargument. Im Gegenteil: Sogar in dieser Hinsicht kann uns Preußen als Vorbild für eine geordnete Rechtsstaatlichkeit dienen.

Johann Sigismund (1572 – 1620)
Kurfürst von Brandenburg. Führte als erster Fürst Religionsfreiheit in
seinem Staat ein. Nimmt das calvinistisch reformierte Bekenntnis an, zum
Ärger seiner lutherischen Untertanen.

42

Kurfürstin Anna, Herzogin von Preußen (1576 – 1625)
Gemahlin Johann Sigismunds, acht Kinder. Sie erbte das Herzogtum
Preußen (das spätere Ostpreußen) sowie das niederrheinische Herzogtum
Kleve mit Mark und Ravensberg.

Friedrich III. (1657 – 1713)
Kurfürst von Brandenburg. Seit 1701 Friedrich I. König in Preußen.
Gründet die Universität Halle und privilegiert die Franckeschen Stiftun-
gen in Halle.

Friedrich Wilhelm I. – Soldatenkönig – (1688 – 1740)
Unter seiner Herrschaft entstand das geistige Fundament Preußens: Fleiß,
Bescheidenheit, Pflichttreue, Verantwortungsbewußtsein. Schulpflicht!
Er beendete als erster Fürst die Hexen- und Ketzerverfolgung 1714.

Christian Thomasius (1655 – 1728)
Rechtsgelehrter in Halle. Hielt 1687 zum ersten Mal Vorlesungen nicht in
lateinischer, sondern in deutscher Sprache. Mitbegründer der europäischen
Aufklärung. Ein „intellektueller Reformator", oft mit Luther, dem
„religiösen Reformator", verglichen.

46

Bediente überall fleißige Achtung zu geben. Zu Urkund dessen haben Wir dieses renovirte und verbesserte Edictum eigenhändig unterschrieben, und mit Unserem Königl. und Churfürstlichen Insiegel bedrucken lassen. So geschehen und gegeben zu Berlin, den 28. Junii 1713.

Fr. Wilhelm.

(L.S.)

No. XXVIII. Edict von Hexen-Processen, deren Verbesserung, und daß die peinliche Urtheil zur Confirmation eingeschicket, auch die Brand-Säulen weggenommen werden sollen, vom 13. Decembr. 1714.

Wir Friderich Wilhelm von Gottes Gnaden König in Preußen, Marggraf zu Brandenburg, des Heil. Röm. Reichs Ertz-Cämmerer und Churfürst, ꝛc. Thun kund und fügen hiemit jedermänniglich zu wissen: Nachdem Wir glaubwürdig berichtet, daß unter denen Mißbräuchen, so bey denen Criminal-Sachen sich zuweilen finden, und auf deren nöthigen Abstellung Wir bedacht seyn, einer der gefährlichsten seye, welcher sich vielfältig bey denen Hexen-Processen zeiget, da nicht allemahl mit der behörigen Behutsamkeit verfahren, sondern auf ungewisse Anzeigungen gegangen, auch darüber mancher unschuldige Weise auf die Tortur, auch gar um Leib und Leben, und ꝛ durch Blut-Schulden auf das Land gebracht werden: Und Wir Uns nun zwar Krafft tragenden hohen Amts und von dem Höchsten Uns verliehenen Macht, jedesmahl angelegen seyn lassen werden, daß Gottes Nahme und Ehre in solchen und dergleichen Fällen in Unserm Königreich und Landen nicht gelästert, und da es von boßhafften Leuten unternommen werden möchte, gegen die Uebertreter die verdiente Straffe nach Schärffe der Rechte exequiret werde. Weil Uns aber gleichfalls oblieget, dahin zu sehen, daß niemand zur Ungebühr beschweret, und unschuldig Blut aus einem unzeitigen Eyfer, und wegen übel gefasseten Processes vergossen werde; So haben Wir entschlossen den bisherigen Proceß in Hexen-Sachen genau untersuchen und so viel möglich verbessern und dergestalt einrichten zu lassen, daß dergleichen gefährliche Folgen hinfüntfig daraus nicht entstehen mögen. Da mit aber wohlredner Zeit, so zu dieser Einrichtung erfordert wird, diejenigen Personen, wider welche dergleichen Hexen-Processe bereits angestellet seyn, oder angestellet werden möchten, nicht leiden, sondern von nun an den billigmäßigen Effect Unserer Landes-Väterlichen Vorsorge, Gnade und Clementz mit geniessen mögen; So befehlen Wir und wollen hiermit in Gnaden, doch ernstlich, daß alle in dergleichen Hexen-Sachen einlauffende Urtheile, die eine scharffe

Frage zu erkennen, oder gar eine Todes-Straffe mit sich führen, sie mögen bey Unseren Regierungen und Justitz-Collegiis, oder Unter-Gerichten einlauffen, Uns zur Confirmation vor der Vollstreckung eingesandt werden sollen. Wornach sich obgedachte Unsere Collegia und Gerichts-Obrigkeiten, auch sonderlich jedermänniglich, sonderlich an denen Orten, wo nicht ohnedem bey Uns die Confirmationes der Urtheile in Criminalibus gesuchet werden müssen, gehorsamst zu achten, und diesem Unserm Edict genau nachzuleben. Zu welchem Ende auch dieses Edict von Unsern Regierungen, und denen es sonst obliegt, überall in Unserm Königreich und Landen unverzüglich bekandt, und die Anstalt zu machen ist, daß es von den Cantzeln abgelesen, also niemand sich mit der Unwissenheit zu entschuldigen habe. Wir befehlen auch Unseren Collegiis, vor welchen dergleichen Criminal-Fälle kommen, wie auch Unsern Facultäten und Schöppen-Stühlen hiermit gnädigst doch ernstlich, daß sie ihre Gedancken, wegen guter Einrichtung dieses Processes, zusammen tragen, und darüber gewisse unvergreiffliche Monita, nebst ihrem pflichtmäßigen Gutachten fordersamst einsenden, da sie dann zu besonderem gnädigsten Gefallen gereichen wird, wann von jemand etwas wohl beygetragen werden, so zu Einrichtung des obgedachten heilsamen Zwecks dienen kan. Wir seynd auch durch erhebliche Umstände bewogen worden, zu resolviren, daß die noch verhandene Brand-Pfäle, woran Hexen gebrandt seyn, weggenommen werden sollen, welches dann Unsere Regierungen ebenfalls jedes Orts behörig zu publiciren, und darüber mit Nachdruck zu halten haben. Uhrkundlich unter Unserer eigenhändigen Unterschrifft und aufgedrucktem Königlichen Insiegel. Gegeben zu Berlin, den 13. Decembr. 1714.

Fr. Wilhelm.

(L.S.)

E. O. E. v. Plotho.

No. XXIX. Edict daß Bassette und Landsquenetts bey 1000. Ducaten Straffe verbothen, und die Fiscæle darauf Acht haben sollen, vom 8ten August. 1714.

Nachdem Seine Königliche Majestät in Preußen, ꝛc. Unser allergnädigster König und Herr auffällig wahrgenommen, wasgestalt sowohl an Dero Hofe, als ferdn hin und wieder in Dero Landen das verderbliche Charten-Spiel von Bassette und Landsquenets mehr und mehr überhand nimmet, daraus aber nicht allein allerhand Zänckereyen, Streit und Zwistigkeiten entstehen, son-

II. Theil. III. Abtheilung.

dern auch Leute von allerhand Stand und Condition gar dadurch ruiniret und zu Grunde gerichtet werden, einige auch, wann sie in solchen Stand gerathen, zu verbothenen und unerlaubten Mitteln zu greiffen, und sich dadurch in grösseres Unglück zu stürtzen veranlasset werden; So finden Seine Königliche Majestät aus Landes-Väterlicher treuer Vorsorge für alle und jede Dero Unterthanen sich gemüßiget, allen

Edikt von Hexenprozessen vom 13. Dezember 1714. Jedes ergangene Todesurteil ist dem König von Preußen zur Bestätigung (Konfirmation) vorzulegen. Dieses Erfordernis bedeutete das Ende der Hexenprozesse in Preußen, denn der König hat eine solche Konfirmation niemals erteilt.

Friedrich II. – der Große – (1712 – 1786)
Der intelligenteste Fürst unter den europäischen Herrschern. Seinen Zusatz
„... der Große" erhielt er vom Ausland. Von seinen Soldaten, Offizieren
und Beamten verlangte er nie mehr als von sich selbst.

Johann Peter von Ludewig (1668 – 1743)
Rechtsgelehrter in Halle. Verfaßte für Friedrich den Großen das Rechtsgut-
achten über die gültigen preußischen Erbansprüche auf Schlesien.

Christian Wolff (1679 – 1754)
Philosoph in Halle und Wegbereiter der preußischen Aufklärung.
Geistiger Vater von Immanuel Kant, nach internationaler Ansicht der
bedeutendste Philosoph der Neuzeit. Wolff war Begründer der ethischen
Verhaltensnormen in Preußen (preußische Tugenden).

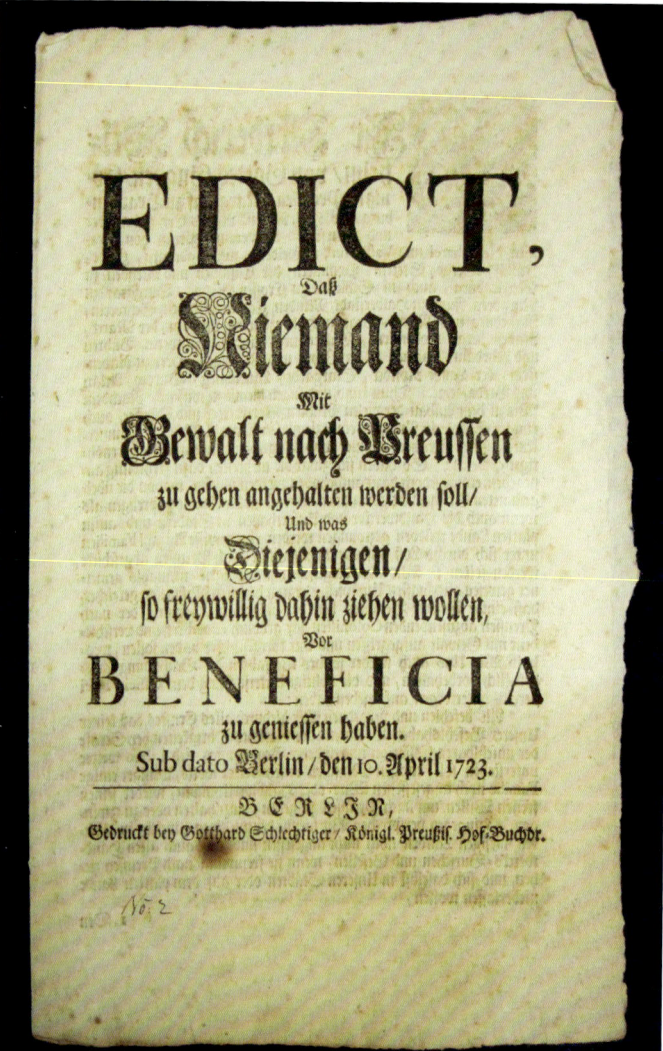

EDICT,

Daß

Niemand

Mit

Gewalt nach Preussen

zu gehen angehalten werden soll/

Und was

Diejenigen/

so freywillig dahin ziehen wollen,

Vor

BENEFICIA

zu geniessen haben.

Sub dato Berlin/ den 10. April 1723.

BERLIN,

Gedruckt bey Gotthard Schlechtiger/ Königl. Preußis. Hof-Buchdr.

Edikt über die Behandlung von Einwanderern nach Preußen
Niemand soll gegen seinen Willen nach Preußen gebracht werden,
diejenigen aber, die freiwillig kommen, erhalten Privilegien.

August Hermann Francke (1663 – 1727)
Gründete 1698 die berühmten Franckeschen Stiftungen mit Waisenhaus
und Armenschule in Halle. Sie lebten von Spenden und nicht vom Staat.
Mädchen und Knaben erhielten gemäß ihrer Begabung eine vorzügliche
Ausbildung. Bedeutende Beamte und Offiziere kamen aus dieser Schule.

Friedrich Wilhelm III. (1770 – 1840)
Verheiratet mit Königin Luise. Unter seiner Herrschaft entwickelten
königliche Beamte, die aus allen Teilen Deutschlands stammten, Preußen
zum modernsten Wissenschafts-, Bildungs- und Verwaltungsstaat Europas.

Otto von Bismarck (1815 – 1898)
Nach vielen Jahrhunderten der deutschen Zerrissenheit einigte er
Deutschland 1871. „Der eiserne Kanzler"! Schuf die Gewerbeordnung als
Grundlage der erfolgreichen Marktwirtschaft in Deutschland.

Wilhelm II. (1859 – 1941)
Bedeutender Bildungspolitiker und Föderer der Naturwissenschaften.
Unter seiner Herrschaft erklomm Deutschland in Bildung, Wissenschaft
und Wirtschaft die Spitzenstellung in der Welt. Die englische und ame-
rikanische Kriegspropaganda nannte ihn einen „blutgierigen Schlächter".

Professor Dr. Friedrich Theodor Althoff (1839 – 1908)
Ministerialdirektor. „Bismarck des deutschen Bildungssystems" wurde er
genannt. Wilhelm II. stützte ihn gegen die Widerstände von Professoren.
Während seiner Amtszeit von 26 Jahren führte er Deutschland zur
Wissenschaftsspitze in der Welt.

Deutscher Reichstag 1913
„Die deutsche Industrie hätte ihren hohen Standard nicht erreicht, wenn
ihr nicht eine moderne Gesetzgebung zur Seite gestanden hätte, die im
Dialog mit der Ministerialbürokratie zustande gekommen ist" (Ludwig
Rahn, Geschäftsführer des Verbandes der Chemischen Industrie).

Werner von Siemens (1816 – 1892)
Preußischer Artillerieoffizier und Gründer des Weltunternehmens gleichen
Namens.

Georges Clemenceau (1841 – 1929)
Ministerpräsident Frankreichs, einer der entscheidenden Ruinierer
Europas.

Woodrow Wilson (1856 – 1924)
Präsident der USA, ebenfalls einer der Ruinierer Europas. Sigmund Freud
nannte ihn einen krankhaften Lügner.

Harry S. Truman (1884 – 1972)
Präsident der USA, ließ im August 1945, trotz der Friedensbemühungen
der Japaner, die ersten Atombomben abwerfen, auf Hiroshima und
Nagasaki (Japan). Unter der Zivilbevölkerung Zehntausende von Toten.

Margaret Lavinia Anderson (*1941)
Professorin für Geschichte an der Universität of California (USA).
Forschungsauftrag am Center for Advanced Study at Stanford University,
Californien. Autorin: Lehrjahre der Demokratie (Practicing Democracy).

Colored Man Roasted Alive in USA
To kill the victim was not enough; the execution became public theater, a
participatory ritual of torture and death, a voyeuristic spectacle prolonged
as long as possible (once for seven hours) for the benefit of the crowd.

Kinder in den USA als Bergarbeiter unter Tage.
*1912 zählte man in Deutschland noch 13.000 Kinder, die **neben ihrem***
***Schulbesuch** in Industriebetrieben oder auf dem Lande arbeiteten. In den*
*USA gab es noch mehrere 100.000 Kinder, die **ohne Schulbesuch** als*
billige Arbeitskräfte ausgenutzt wurden.
Das öffentliche Bayerische Fernsehen verfälschte dieses amerikanische Bild
in einer Sendung vom 29. Januar 1986 über Kinderarbeit im Deutschen
Kaiserreich als Bildlegende zu angeblich deutschen Zuständen!

64

Brandenburg-Preußen Museum Wustrau
Neubau des privaten Museums, das ohne öffentliche Zuschüsse errichtet
und am 1. Oktober 2000 eröffnet wurde.

Staatsverfassungen

Ein weiteres Angriffsziel der linken Geschichtsschreibung ist die angeblich verspätet erlassene Verfassung in Preußen. In diesen Vorwurf wird die Unterdrückung der Aufstände am 18. März 1848 durch preußische Truppen in Berlin einbezogen. 323 Tote waren zu beklagen. Getötet wurden

    303 Zivilisten
    20 Soldaten.

Keiner bedauerte dieses Ergebnis mehr als der König Friedrich Wilhelm IV. Es war ein für preußische Verhältnisse (im Gegensatz zu Frankreich) ungewohntes Ereignis. Die revolutionäre Entwicklung ging, wie schon 1789, von Frankreich aus. Aber die in Preußen ungewohnte Bereitschaft der Bevölkerung, den demagogischen Klängen der Revolutionäre zu folgen, war in erster Linie von der rasanten Verschlechterung der Versorgung verursacht. Ein harter Winter hatte zu einer allgemeinen Verknappung der Lebensmittel geführt. Mißernten vorangegangener Jahre und die allgemein in Europa grassierende Kartoffelfäule verstärkten diese Entwicklung. Die Lebensmittelpreise stiegen. Die verzweifelten Frauen in Berlin plünderten Fleischer- und Bäckerläden. Man sprach von „Kartoffelrevolution". Elend und Hunger waren in Preußen zwar nicht unbekannt, aber einen derartigen spontanen

Aufruhr kannten die Preußen in ihrem Lande bisher nicht. In Oberschlesien führte die Hungersnot zu Krankheits- und Sterbefällen. Gegen diese durch die „Naturereignisse" ausgelösten Mißernten war der preußische Staat machtlos, der König hätte gern geholfen, wußte aber nicht, auf welche Weise. Steuererleichterung und andere Vergünstigungen wurden zwar verordnet, aber das Übel beseitigten sie auch nicht. Auf der anderen Seite förderte das Elend die Bereitschaft der Bevölkerung zu Aufruhr und Protest.

Die politischen Demagogen versprachen viel, wußten aber selbst nicht, wie man es besser machen könnte. Das alte Lied. Alle Politiker singen es, wenn sie gewählt werden wollen, um damit persönliche Pfründe zu erwerben. Daß sich eine effektive und leistungsmäßig auf hohem Niveau stehende Regierung schon im Interesse des Staates und der allgemeinen Wohlfahrt gegen Umsturzversuche und Gewalttätigkeit zur Wehr setzt, war nicht nur damals, sondern wäre auch heute noch die verständliche Reaktion des Staates. In seiner berühmten Rede über den Beamtenstand in Deutschland sagte Otto Hintze im Jahre 1911 in Dresden: „Es ist eine weitverbreitete, aber unberechtigte Auffassung, als ob auf Seiten der Opposition immer die größere individuelle Tüchtigkeit sei als auf seiten derer, die verwalten und regieren und mit der Autorität in Frieden leben." Diese Bewertung, die Opposition sei gut und klug, die Verwaltung und Regierung dagegen unfähig, hat sich bis heute im historischen Schrifttum und in den politischen Schriften gehalten. Nur wenige fragen: Was will die Opposition eigentlich, was wollen die Demagogen?

Und welchen Nutzen bringen ihre Forderungen für die Allgemeinheit?

Als die Nachricht von den Unruhen aus Paris in Berlin eintraf – der Arbeiteraufstand wurde von Cavaignac mit dem Ergebnis von 3.000 Toten niedergeschlagen – befand sich der vom preußischen König konzipierte Verfassungsentwurf bereits seit 1847 in der Phase seiner Verwirklichung. Das revolutionäre Grollen aus Frankreich, Italien, Baden, Württemberg, Bayern, Sachsen und Hessen-Darmstadt wurde in Berlin mit vollem Ernst wahrgenommen. Die Aufstände hatten europäische, nicht preußische Ursachen. Die Angst vor dem Kommunismus bestand europaweit. Preußen besaß mit 10,4 Millionen Einwohnern das vitalste Interesse an der Stabilität seiner Regierung. Das galt übrigens auch für die der übrigen deutschen Staaten.

Ob die aufgeputschten Massen oder die nervösen Soldaten die Hauptschuld an den Opfern des Aufstandes in Berlin trugen, bleibt eine offene Frage. Die Soldaten waren mit ihrem Einsatz psychisch und ausbildungsmäßig überfordert. Die heutige Schulung der Polizei, Unruhen mit Helm und Schlagstock zu begegnen, war damals völlig unbekannt. Im Verhältnis zu Frankreich, England und Belgien hielten sich die Menschenverluste in Berlin zwar immer noch in bescheideneren Grenzen, lagen gleichwohl in beklagenswerter Höhe. Die rechtliche Trennung des Militärs von der Polizei wurde damals schon diskutiert, aber erst später wurde es eine rechtlich anerkannte Institution.

Da heute bei politischen Ereignissen der jüngeren Vergangenheit Zeitzeugen in Schule, Fernsehen und Presse so äußerst gefragt sind, soll auch hier für den blutigen Aufstand 1848 ein Zeitzeuge zu Wort kommen. Es ist Werner von Siemens, der Gründer des weltberühmten Unternehmens gleichen Namens. Er ist ein unverdächtiger Zeuge, weil er politisch nicht engagiert war. Er schrieb in seinen 1895 erschienenen Lebenserinnerungen:

„Es ereignete sich die schreckliche Szene auf dem Balkon des Schlosses, auf dem die Königin in Ohnmacht niedersank, als ihr Auge auf die blutige Menge der Todten fiel, die man zu ihren Füßen aufgehäuft hatte. Dann kamen immer neue Züge mit Todten, und als der König dem Geschrei nach seinem Erscheinen nicht wieder Folge leistete, bereitete sich die begleitende, aufgeregte Menge vor, das Schloßthor zu erbrechen, um dem Könige auch diese Todten zu zeigen.

Es war dies ein kritischer Moment, denn unfehlbar wäre es im Schloßhofe, wo ein Bataillon zurückgehalten war, zu erneutem Kampfe gekommen, dessen Ausgang zweifelhaft erscheinen mußte, da das übrige Militär die Stadt auf königlichen Befehl verlassen hatte. Da kam ein Retter in der Noth in der Person des jungen Fürsten Lichnowsky. Von einem in der Mitte des Schlossplatzes aufgestellten Tische aus redete er die Menge mit lauter, vernehmlicher Stimme an. Er sagte, Se. Majestät der König habe in seiner großen Güte und Gnade dem Kampfe ein Ende gemacht, indem er alles Militär zurückgezogen und sich ganz dem Schutze der Bürger anvertraut habe. Alle Forderungen seien bewilligt, und man möge nun ruhig nach Hause gehen! Die Rede machte offenbar Eindruck. Auf die Frage aus dem Volke, ob auch wirklich Alles bewilligt sei, antwortete er ‚Ja, Alles, meine Herren!‘ ‚Och det Roochen?‘ – erscholl eine andere Stimme, ‚Ja, auch das Rauchen‘, war die Antwort. ‚Och im Dierjarten?" – wurde weiter gefragt. ‚Ja, auch im Thiergarten darf geraucht werden, meine Herren.‘ Das war durchschlagend. ‚Na, denn können wir ja zu Hause jehn‘, hieß es überall, und in kurzer Zeit räumte die heiter gestimmte Menge den Platz. Die Geistesgegenwart, mit welcher der junge Fürst – wahrscheinlich auf eigene Verantwortung hin – die Concession des freien Rauchens auf den Straßen der Stadt und im Thiergarten ertheilte, hat vielleicht weiteres schweres Unheil verhütet.

Auf mich machte diese Szene auf dem Schlossplatz einen unauslöschlichen Eindruck. Sie zeigte so recht anschaulich den gefährlichen Wankelmuth einer erregten Volksmenge und die Unberechenbarkeit ihrer Handlungen. Andererseits lehrte sie auch, daß es in der Regel nicht die großen, gewichtigen Fragen sind, durch die Volksmassen in Bewegung gesetzt werden, sondern kleine, von jedermann lange als drückend empfundene Beschwerden. Das Rauchverbot für die Straßen der Stadt und namentlich den Thiergarten mit dem steten kleinen Kriege gegen Gensdarmen und Wachen, der damit verbunden war, bildete in der That wohl die einzige Beschwerde, die von der großen Masse der Berliner Bevölkerung wirklich verstanden wurde, und für die sie in Wahrheit kämpfte."

(Werner von Siemens, Lebenserinnerungen, Verlag Julius Springer, Berlin 1895, Seiten 48/49).

Als die preußische Verfassung im Jahre 1850 endlich in Kraft trat, konnte keiner ahnen, daß sie 68 Jahre Gültigkeit behalten würde: bis zum Kriegsende 1918. Einige Bestimmungen aus dieser Verfassung sind:

Art. 4   Alle Preußen sind vor dem Gesetz gleich.

Art. 5   Die persönliche Freiheit ist gewährleistet.

Art. 6   Die Wohnung ist unverletzlich.

Art. 12   Die Freiheit des religiösen Bekenntnisses wird gewährleistet.

Art. 20   **Die Wissenschaft und ihre Lehre ist frei.**

Art. 21   Für die Bildung der Jugend soll durch öffentliche Schulen gesorgt werden. Eltern dürfen ihre Kinder nicht ohne Unterricht lassen, welcher für die öffentliche Volksschule vorgeschrieben ist.

Art. 25   In der öffentlichen Volksschule wird der Unterricht unentgeltlich erteilt.

Art. 27   Jeder Preuße hat das Recht, durch Wort, Schrift, Druck und bildliche Darstellung seine Meinung zu äußern. Die Zensur darf nicht eingeführt werden.

Art. 30 Alle Preußen haben das Recht, sich zu Gesellschaften zu vereinigen.

Art. 33 Das Briefgeheimnis ist unverletzlich.

Art. 62 Die gesetzgebende Gewalt wird gemeinschaftlich durch den König und durch das Herrenhaus und das Haus der Abgeordneten ausgeübt.

Art. 71 Auf jede Vollzahl von 250 Seelen der Bevölkerung ist ein Wahlmann zu wählen. Die Urwähler werden nach Maßgabe der von ihnen zu entrichtenden direkten Staatssteuern in drei Abteilungen geteilt und zwar in der Art, daß auf jede Abteilung ein Drittel der Gesamtsumme der Steuerbeträge aller Urwähler fällt.

Art. 72 Die Abgeordneten werden durch die Wahlmänner gewählt.

Bildung und Wissenschaft

Wohl die bedeutendste weit über die Grenzen Preußens hinausgehende humane Leistung des brandenburg-preußischen Staates war die Förderung von Bildung, Erziehung und Wissenschaft. Nach einer einzigartigen Bildungs- und Ausbildungsgeschichte erklomm Preußen-Deutschland zum Ende des 19. Jahrhunderts den internationalen Gipfel der Wissenschaft, es wurde unumstritten das wissenschaftlich führende Land in der Welt. Das schrieb der jüdisch-amerikanische Professor Dr. David Nachmansohn aus New York im Jahre 1982. Die Welt hat von Preußen-Deutschland wissenschaftliches Arbeiten gelernt. Nicht englisch, sondern deutsch war bis 1960 die allgemeine Sprache der Wissenschaft. Es war das international übliche Verständigungsmittel unter den Wissenschaftlern. Mit seinem hohen Bildungsniveau hing der Aufstieg Deutschlands zur führenden Industrienation zusammen. Deutschland beherrschte 87% des Chemie-Weltmarktes. Mit synthetischen Farben und Fasern, mit Kunststoffen, mit Arznei und Düngemitteln aus Kohle, Wasser, Kalk und Luft stießen die deutschen Wissenschaftler die Tür zu einem neuen Zeitalter auf, dem Zeitalter der Chemie.

Am 28. September 1717 hatte Friedrich Wilhelm I. die allgemeine Schul- und Unterrichtspflicht in Preußen eingeführt. So wurde Preußen einer der ersten Staaten mit dem Anspruch auf allgemeine Volksbildung, weit vor Frankreich 1880 und England 1884. Schon vorher, nämlich im Jahre 1695, hatte der pietistische Pfarrer August Hermann Francke in Glaucha bei Halle eine Schule für Waisen und arme Kinder, die Franckeschen Stiftungen, gegründet. Die Schule lebte von Spenden und war finanziell vom Staat unabhängig. Unter dem Leitmotiv „Gott zur Ehr und zu des Landes Besten" erfuhren arme wie reiche Schüler und Schülerinnen (!) die beste Ausbildung und Erziehung. Neben der Unterweisung in Lesen, Schreiben und Rechnen war die Erziehung auf Eigenschaften wie Pünktlichkeit, Bescheidenheit, Eigenständigkeit, Menschlichkeit und Pflichterfüllung gerichtet. Tugend und Lebensstil sind nicht angeboren, sondern sie müssen erlernt werden, das war ein Grundsatz von Christian Thomasius, dem bedeutenden Rechtsgelehrten aus Halle und einem der Väter der europäischen Aufklärung. Das lateinische Wort „sapere aude" – „habe den Mut zum eigenen Urteil" – war das Ziel der preußischen Erziehung, denn es führte zur Selbständigkeit im Handeln. Mit der Behauptung, die Preußen seien zum Kadavergehorsam erzogen worden, verfälschen die Sozialisten die preußische Geschichte.

Halle und seine beiden berühmten Einrichtungen, nämlich die Universität und die Franckeschen Stiftungen, bildeten sozusagen die Kaderschmiede der preußischen Offiziere und Beamten: Die geistigen Grundlagen der preußischen Tugenden befinden sich hier in Halle, insbesondere bei Christian Thomasius, Christian Wolff, beide

Väter der europäischen Aufklärung, und bei August Hermann Francke. Alle drei stimmten in der Forderung von Christian Wolff überein: „Man muß der Obrigkeit den Gehorsam verweigern, wenn man Unrecht tun müßte, beispielsweise einen unschuldigen Menschen totschlagen. Man muß Gott mehr gehorchen als den Menschen." Und Thomasius forderte Ungehorsam, wenn Handlungen verlangt würden, die gegen die allgemeinen und religiösen Sitten verstoßen.

Die nationalsozialistischen Konzentrationslager widersprachen daher dem preußischen Geist so fundamental, daß man sich schon aus diesem Grunde über den Mangel an historischem Wissen und über das geistige Niveau von Professoren oder Politikern wundern muß, die eine Verbindung zwischen Preußen und dem Nationalsozialismus herzustellen versuchen.

Der öffentliche Dienst

Schon seit dem 9. Dezember 1737 verlangten die preußischen Könige von den Beamten der Justiz, namentlich daher von den Richtern, ein Universitätsstudium, Bildung und eine strenge Prüfung. Es war ein Wendepunkt in der allgemeinen Staatsverwaltung und in der Durchsetzung des Leistungsprinzips. Hierzu gaben die Franckeschen Stiftungen in Halle den geistigen Anstoß. Preußen wurde nicht nur der erste, sondern auch der vorbildliche Verwaltungsstaat. Wenn man von den wenigen Gottesstaaten des Islam einmal absieht, ist das die heute übliche Staatsform. Preußen setzte Maßstäbe für viele europäische und außereuropäische Staaten bei der Umgestaltung ihrer eigenen Verwaltung. Das Bildungsniveau der preußischen Beamten wurde weltweit bewundert. Wohl nirgends in der Welt stellte der Staat so hohe Anforderungen an die geistige Leistungsfähigkeit seiner Beamten wie in Preußen. „Patriae inserviendo consumor" – „Im Dienst am Vaterland verzehre ich mich" –, das war nicht nur Bismarcks bevorzugte Aussage, sondern es galt für die gesamte preußische Beamtenschaft.

In dem von landsmannschaftlichen und religiösen Gegensätzen, von gesellschaftlichen und sozialen Spannungen einer relativ hohen Bevölkerungsdichte geprägten Land, wie es das Deutsche Reich seit seiner Gründung

1871 war, konnten sich Industrie und Wissenschaft nur unter dem Dach einer straffen und leistungsfähigen Verwaltung und einer hochentwickelten Gerichtsbarkeit, die Vertrauen genoß, zu dem entwickeln, was sie wurden. Das Deutsche Reich war ein Rechtsstaat par excellence. Die preußisch-deutsche Bürokratie wurde wegen ihrer Leistung weltweit bewundert, ihr wurde das allerhöchste Lob gezollt. Es war die „beste, die die Welt je gesehen hat" (James Bryce).

Ohne die Hilfe einer tüchtigen, ehrlichen Bürokratie hätte sich die deutsche Wirtschaft nicht zu dem entwickeln können, was sie wurde (Bertrand Russell in „Freiheit und Organisation", 1927).

Friedrich-Wilhelms-Universität

Mit der Gründung der Universität in Berlin 1810 setzte Preußen wiederum einen menschlichen Markstein. Diese Universität wurde weltweit das Vorbild für universitäre Bildung, sie wird daher die Mutter aller modernen Universitäten genannt. Ideengeber war Wilhelm von Humboldt. Er drängte den übergewichtigen Einfluß der theologischen Fakultät zurück und stellte die Fakultäten gleichberechtigt nebeneinander. Ein weiterer wichtiger Grundsatz Humboldts war die Einheit von Lehre und Forschung, woraus sich die Einheit von Lehrenden und Lernenden ergab. Ein wichtiger Grund für die hohe Qualität dieser Universität war das Recht und die Pflicht des Staates zur Berufung der Professoren. Dieses Recht galt neben dem Berufungsrecht der Universitäten. Mit dieser Befugnis des Staates zur Auswahl und Berufung von Professoren wurde die Universität vom Zunftdenken der Fakultäten befreit, was der Freiheit und Güte der Forschung zugute kam. Mit Hilfe dieses staatlichen Berufungsrechts hat später Professor Dr. Friedrich Theodor Althoff, der 26 Jahre lang das deutsche Bildungswesen beherrschte und als der „Bismarck" des deutschen Bildungswesens bezeichnet wurde, die deutschen Universitäten zur Weltspitze geführt.

Sozialstaat und die Kaiserliche Botschaft

Kaiser Wilhelm I. verkündete am 17. November 1881 in seiner Kaiserlichen Botschaft den Willen der Regierung, dem Wohl des Arbeiters eine besondere Förderung ange-deihen zu lassen, und zwar nicht nur durch die Abwehr von sozialdemokratischen Ausschreitungen, sondern durch Gesetze, die dem Reichstag zur Annahme vorge-legt werden sollen:

- Gesetz über die Versicherung des Arbeiters gegen Betriebsunfälle
- Organisation des gewerblichen Krankenkassenwesens
- Gesetz über die Folgen der Invalidität oder Alter der Arbeiter
- Gesetz über Erwerbsunfähigkeit
- Staatlicher Schutz und Förderung von Genossen-schaften

Preußen-Deutschland war somit der erste soziale Staat (Sozialstaat): Krankenversicherung, Rentenversicherung, Unfallverhütungsgesetz, Haftpflichtgesetze, Lebensmittel-gesetze, Lebensmittelkontrollen sind Maßnahmen des Staates zugunsten der Menschen, wie sie in diesem Um-fang und zu dieser Zeit von keinem anderen Staat prakti-ziert worden sind. Des Vorbildcharakters der deutschen Arbeiterversicherung auf internationalem Gebiet war man sich in Deutschland voll bewußt. Daher propagierte man in Deutschland und auf internationalen Veranstaltungen die Übernahme der deutschen Arbeiterversicherung durch andere Länder. Hierzu gehörte es auch, anderen Ländern die Unfallverhütungsverordnungen und die daraus entstehenden Einrichtungen nahezubringen. So beschreibt Professor Dr. Gerhard A. Ritter 1983 die Bemühung des Reichsversicherungsamtes auf der Weltausstellung in St. Louis im Jahre 1904, mit fast 1.000 Photographien den Besuchern die neuesten Unfallverhütungseinrichtungen in Deutschland zu veranschaulichen mit dem Ziel, die internationale Wirtschaft von der Notwendigkeit zur Übernahme dieser Einrichtungen zu überzeugen. Der für diese Weltausstellung eingesetzte Reichskommissar berichtete, in den USA werde die Auffassung vertreten, die Ausgaben von Millionen Dollar für Kranke, Krüppel, Sieche und Schwache verhinderten den natürlichen Ausleseprozeß, denn nur durch Ausscheiden des Minderwertigen könne eine Nation groß und stark werden. Diese Art der deutschen Politik sei daher wirtschaftlich verfehlt und dürfe sich nicht durchsetzen. An diesem Beispiel wird der Unterschied zwischen der preußischen Staatsauffassung und der amerikanischen sehr deutlich. Schon seit der Gründung der Universität Halle im Jahre 1694 hat sich die paternitäre Richtung in der preußischen Politik durchgesetzt. Sie wurde von den Vereinigten Staaten und auch von England strikt abgelehnt. In die Zeit der Arbeiterversicherung fällt auch der Bau des Rudolf-Virchow-Krankenhauses in Berlin. Damals wohl das modernste Krankenhaus der Welt, das nicht nur bewundert, sondern auch nachgeahmt wurde. Um dieses

Krankenhaus hatte sich der Bildungsbeamte im preußischen Kultusministerium, Ministerialdirektor Professor Dr. Friedrich Theodor Althoff, besonders verdient gemacht.

Es ist daher nicht verwunderlich, daß Althoff von keinem wissenschaftlichen Stand bis zum heutigen Tage mehr verehrt und anerkannt worden ist als von den Ärzten. Auf die Entwicklung der deutschen Medizin zur Weltgeltung hat Althoff den stärksten Einfluß ausgeübt. Kliniken und Ärzte haben ihm viel zu verdanken. Bereits als Universitätsreferent in Straßburg erkannte Althoff die Nützlichkeit klinischer Nähe zur Universität und umgekehrt. Mit der Verbindung von Klinik und Universität schuf er die Voraussetzung einer praktisch-wissenschaftlich geprägten modernen Medizin, die ihm nicht Selbstzweck war, sondern als Dienerin der Volksgesundheit jede Förderung verdiente. Wieder ließ sich Althoff nicht durch Mittelknappheit in seinen Vorhaben beirren. Dort, wo städtische und staatliche finanzielle Mittel am Ende waren, setzte er rigoros seine persönlichen Beziehungen ein, und es gelang ihm, in beträchtlichem Umfange privates Mäzenatentum zu mobilisieren. Hierbei müssen wir berücksichtigen, daß der höchste Steuersatz im Kaiserreich 8% betrug und sich daher – im Gegensatz zur Gegenwart – beträchtliche Mittel in den Händen der großen Unternehmer befanden. Gegen den Widerstand der Fakultät errichtete er den ersten Lehrstuhl für Hygiene an einer Universität und betraute Robert Koch mit dieser Aufgabe. Heute ist Hygiene ein klassischer Lehrstuhl an jeder medizinischen Fakultät. Das gleiche gilt für die Kinderheilkunde,

der Althoff angesichts der hohen Kindersterblichkeit seine
besondere Aufmerksamkeit schenkte. Auch dieser Lehrstuhl mußte gegen die Widerstände der Professoren durchgesetzt werden. Mit Otto Heubner holte er sich für diesen
Lehrstuhl einen Mann, der noch heute international als
der Klassiker auf dem Gebiet der Kinderheilkunde gilt.

Zur Bekämpfung der Volkskrankheiten wie Tuberkulose,
Diphtherie, Scharlach, Geschlechtskrankheiten und Krebs
initiierte er die Gründung von internationalen Gesellschaften, die grenzüberschreitenden Erfahrungsaustausch
ermöglichten. Auf einem von der Stadt Charlottenburg
kostenlos zur Verfügung gestellten Grundstück wurde
unter dem Protektorat der Kaiserin das Kaiserin-Auguste-
Viktoria-Haus zur Bekämpfung der Säuglingssterblichkeit
als erste derartige Anstalt in der Welt errichtet.

Mit Professor von Leyden gründete Althoff 1895 ein
Komitee zur Errichtung von Heilstätten für Lungen-
kranke. Auch hierbei stellte sich die Kaiserin in den
Dienst der Sache. Mit Hilfe einer testamentarischen Spen-
de von über einer Million Goldmark aus dem jüdischen
Hause Bleichröder wurde die erste Lungenheilstätte in
Beelitz bei Berlin errichtet. Die jüdischen Bankiers und
die Industriellen gehörten neben seinem Freund Böttin-
ger, dem Chemieindustriellen aus Elberfeld und späteren
Aufsichtsratsmitglied der IG Farben, zu seinen Haupt-
spendern. Hygiene und Vorsorgemedizin baute Althoff in
Deutschland zur Weltgeltung aus: Anerkennung und
Dank drückten sich darin aus, daß die internationale
Gesellschaft für Hygiene ihren Sitz in Berlin nahm.

Bei der Rentenversicherung galt das Deckungsprinzip, nicht das moderne unsoziale Umlageprinzip, welches Bundeskanzler Adenauer damals gegen den Rat von Fachleuten aus parteipolitischen Gründen eingeführt hat. Da bei der Einführung der Rentenversicherung im Kaiserreich noch kein ausreichender Deckungsstock (eingezahlte Beiträge) vorhanden war, hat der Staat für diese erste Ausstattung gesorgt.

Juden in Preußen

Die sprichwörtliche Rechtssicherheit in Deutschland war auch der Grund für die überdurchschnittlich hohe Einwanderung von osteuropäischen Juden nach Deutschland. Kein europäischer Großstaat hat so viele Juden aufgenommen wie Deutschland.

Im Jahre 1911 lebten   698.000 Juden in Deutschland
(incl. der getauften Juden)
206.000 Juden in England
86.000 Juden in Frankreich.

Es war wohl in erster Linie die Rechtssicherheit in Preußen-Deutschland, die den Grund bildete für den Entschluß der osteuropäischen Juden, nach Deutschland auszuwandern. Professor Dr. David Nachmansohn meinte, es sei darüber hinaus für den Auswanderungsbeschluß die Möglichkeit wichtig gewesen, durch Bildung sozial aufsteigen zu können. Mit der Ausnutzung des vorbildlichen preußischen Bildungssystems ist es den allgemein fleißigen und begabten Juden gelungen, in überdurchschnittlicher Weise in den geistigen Berufen (als Ärzte, Juristen und Professoren) und in der Wirtschaft Fuß zu fassen und sich auf diese Weise eine hohe soziale Stellung zu verschaffen. Trotz gegenteiliger Meinung war diese Chance der jüdischen Einwanderer eine durch und durch menschliche Opportunität durch den Staat.

Weiter sei daran erinnert, daß sich nur 0,9% der Bevölkerung des Deutschen Kaiserreichs zum jüdischen Glauben
bekannten, aber diese Minderheit trotzdem 70% der
Medien beherrschte und damit die Entstehung der öffentlichen Meinung beeinflußte. Sonnemann, Mosse, Ullstein
und Singer sind die bekanntesten jüdischen Verlegerfami-
lien. Mit 10 % aller Richter in Preußen waren die Juden
dort ebenfalls überrepräsentiert. Auch die Zahl der Uni-
versitätslehrer überschritt prozentual den Anteil der Juden
an der Gesamtbevölkerung. Weniger erfolgreich waren
die Juden allerdings in der Armee und in der Verwaltung.
Dort wollte man sie nicht, ebensowenig auch nicht die
Angehörigen der polnischen Minderheit, der Lothringer
oder der anderen Minderheiten in Deutschland. Das hatte
nichts mit Antisemitismus zu tun, sondern Grund für diese Tendenz war der traditionelle Wunsch des Staates nach
Homogenität der Armee und der Verwaltung. Bismarck
hatte schon in seiner Rede am 30. Januar 1872 im Reichstag betont, daß er auf eine homogene Verwaltung angesichts der heterogen zusammengesetzten Bevölkerung
angewiesen sei.

Gesundheitsfürsorge

Die Technische Universität Berlin feierte am 14. Mai 1979 das hundertjährige Bestehen des preußisch-deutschen Lebensmittelrechts. Zu dieser Zeit (noch heute?) war es immer noch das modernste Gesetz seiner Art unter allen Staaten. Reinheit der Lebensmittel oder ihre Unverfälschtheit lagen im Gesundheitsinteresse alle Bürger, die sich stets der besonderen Fürsorge des Staates erfreuten. Mit Gefängnis oder einer erheblichen Geldstrafe war bedroht, wer gesundheitsschädigende Nahrungsmittel verkaufte. War dem Täter die Gesundheitsgefährdung bekannt, wurde Zuchthausstrafe bis zu 10 Jahren angedroht. Die Aufsichtsämter waren ebenfalls in die Strafandrohung einbezogen. Nicht das „L'Etat c'est moi" – „Der Staat bin ich" – des französischen Königs Ludwig XIV., sondern das Wort Friedrichs des Großen: „Der König ist der erste Diener des Staates" hat die preußische Bürokratie veranlaßt, im Gesundheitsinteresse der Bürger weitere Gesetze dieser Art dem Reichstag zur Verabschiedung vorzulegen und damit auch auf diesen Gebieten eine Vorreiterrolle in Europa zu übernehmen.

– Gesetz betreffend den Verkehr mit blei- und zinkhaltigen Gegenständen 1887
– Gesetz betreffend den Verkehr mit Butter, Käse, Schmalz und deren Ersatzmitteln 1887

- Gesetz betreffend die Schlachtvieh- und Fleisch-
  beschau 1900
- Gesetz betreffend die Bekämpfung gemeingefährlicher
  Krankheiten 1900
- Gesetz betreffend die Schutzimpfung 1874
- Gesetz betreffend Maßregeln gegen die Reblauskrank-
  heit 1875
- Gesetz betreffend Maßregeln gegen Rinderpest 1869
- Gesetz betreffend den Verkehr mit künstlichen
  Süßstoffen 1898
- Gesetz betreffend die Beseitigung von Ansteckungs-
  stoffen bei der Viehbeförderung auf Eisenbahnen 1876
- Gesetz betreffend Zuwiderhandlung gegen die zur
  Abwehr der Rinderpest erlassenen Vieheinfuhrver-
  bote 1878
- Gesetz betreffend die Verhinderung der Ausbreitung
  von Viehseuchen 1894
- Gesetz betreffend den Verkehr mit Wein, weinhaltigen
  und weinähnlichen Getränken 1892
- Gesetz betreffend die medizinische Versorgung von
  Arbeitern in den Unternehmen 1903.

In der Gesundheitspolitik und Hygiene war Deutschland
führend in der Welt. Die Namen von Rudolf Virchow,
Robert Koch und Friedrich Althoff stehen stellvertretend
für viele.

Diese konsequente Fürsorge für die Gesundheit der Bürger hinderte Bismarck nicht einmal daran, eine Verstim-
mung im Verhältnis zu den USA in Kauf zu nehmen,
obwohl er in seiner politischen Vision ein gutes Verhält-

nis zu den Vereinigten Staaten im Interesse Deutschlands
für geboten hielt. Dieser Wunsch erfuhr jetzt einen weder
gewollten noch erwünschten Dämpfer. In den USA gab es
keine gesetzlich vorgeschriebene Trichinenbeschau. Die
Verhältnisse in den amerikanischen Schlachthäusern ent-
sprachen nicht deutschen Bestimmungen. Veterinärmedi-
zinische Proben in Deutschland hatten in wiederholten
Fällen einen Trichinenbefall bei importiertem amerikanischen Schweinefleisch eindeutig nachgewiesen. Das führte
zum Einfuhrverbot von amerikanischem Schweinefleisch.
Bismarck setzte das Gesetz am 1. Januar 1883 gegen mas-
sive Opposition im Reichstag durch. Die Opposition ope-
rierte mit den üblichen Argumenten, Bismarck wolle nur
seine Agrarier vor der Einfuhr billigen Schweinefleischs
schützen. Doch im Interesse der Gesundheit der Bevölkerung nahm Bismarck diesen Vorwurf in Kauf. In zwei
kleineren Städten, nämlich Hedersleben und Hellstadt,
hatte der Genuß von amerikanischem Schweinefleisch zu
verhältnismäßig vielen Todesfällen geführt. Auch in
anderen Städten hatte der Verzehr von Schweinefleisch
Todesfälle verursacht. Die Entdeckung der „Trichina
spiralis" hatte schon 1868 in Preußen zur Einrichtung von
städtischen Schlachthäusern geführt sowie zum Schlacht-
hofgesetz. Danach war eine Trichinenbeschau bei jedem
Schwein vor der Schlachtung obligatorisch.

Die amerikanische Presse geißelte das Importverbot des
Deutschen Reiches als den Beginn eines europäischen
Zollkrieges gegen die USA. Bismarck hoffte jedoch, Kampf-
zölle mit einem so befreundeten Staat wie den USA trotz
allem vermeiden zu können. Bismarck wies die deutschen

Konsulate an, jede Polemik und alles zu vermeiden, was unsere freundschaftlichen Beziehungen zu den Vereinigten Staaten beeinträchtigen könnte. Die mangelhaften hygienischen Verhältnisse in den Schlachthäusern der USA führten 1890 sogar dazu, in Europa die Einfuhr von gekochtem amerikanischen Schweinefleisch in Dosen zu untersagen, da sich selbst in diesen noch Trichinen nachweisen ließen. Unter den späteren amerikanischen Präsidenten wurde in den USA eine Inspektion des Schweinefleisches, welches zum Export nach Europa bestimmt war, durchgesetzt. Der Nachfolger Bismarcks lockerte dann in dem sogenannten Saratoga-Abkommen im August 1891 die Einfuhrbestimmungen. Bismarck nannte dieses Abkommen eine Fehlentscheidung, die sich gegen die Gesundheitsinteressen der Menschen in Deutschland richte.

Alles in allem: Preußen war ein bewundernswürdiger, humaner und äußerst fürsorglicher Staat. Er war einer der bedeutendsten Kulturstaaten der Erde. Er war streng und sorgte für Ordnung. Er sorgte sich um die Menschen, die ihm anvertraut waren. Mit seinem hohen Bildungsniveau erreichte er in der Landwirtschaft die höchsten Hektar-Erträge. Sie lagen im Durchschnitt fast doppelt so hoch wie in den anderen Großstaaten Europas.

Ernteerträge dz pro Hektar im Jahr 1912

	Weizen	Roggen	Kartoffeln
Deutschland	23	19	150
England	7	9	82
Frankreich	14	10	82
USA	11	11	76

Zu seinen menschlichen Maßnahmen können wir auch die geringe Steuerbelastung der einzelnen Bürger rechnen und die sehr niedrige Staatsverschuldung, die sich zu Gunsten der nachfolgenden Generationen auswirkte.

Steuerlast und Staatsschulden

Steuerbelastung pro Kopf in Mark 1913

	direkte Steuern		indirekte Steuern		gesamt
Deutschland	30,89	+	23,73	=	54,62
England	59,27	+	30,65	=	89,92
Frankreich	27,15	+	44,95	=	72,10

Das jährliche Durchschnittseinkommen (ohne Nebenein-künfte) in Deutschland lag bei 1.450 Mark, in England und Frankreich etwas niedriger. In diesen beiden Ländern war die Arbeitslosigkeit wesentlich höher als in Deutschland. Grob geschätzt entsprach eine Mark 13 Euro. Das Durchschnittseinkommen betrug demnach 18.850 Euro. Bedenkt man, daß im Kaiserreich die Abzüge minimal waren, während sie in der Bundesrepublik Deutschland mindestens 25 % betragen, kommt man zu realen Vergleichswerten.

Staatsschulden 1912 (ohne Eisenbahnen)		pro Einwohner
Deutschland	11,07 Mrd.	167 Mark
England	14,8 Mrd.	324 Mark
Frankreich	26,1 Mrd.	658 Mark

Der Staatsanteil im Kaiserreich lag bei nur 14 %, während er heute in der Bundesrepublik dank der vielen Minister-

präsidenten knapp unter 50% beträgt. Die Steuerbelastung der Bürger im Kaiserreich war die niedrigste in
Europa. Wie überhaupt die preußische Monarchie die
Bürger niemals steuerlich so ausgebeutet hat wie das heute
in der Bundesrepublik Deutschland der Fall ist. Hier sei
an das Wort Friedrichs des Großen erinnert, wonach der
Staat insgesamt weniger als die Hälfte vom Einkommen
seiner Bürger verlangen darf. Wörtlich heißt es im politischen Testament Friedrichs des Großen: „Die Hirten sche-
ren ihre Schafe, aber sie ziehen ihnen nicht die Haut ab.
Es ist gerecht, daß jeder einzelne dazu beiträgt, die
Ausgaben des Staates tragen zu helfen. Es ist aber nicht
gerecht, daß er die Hälfte seines jährlichen Einkommens
mit dem Souverän teilt. Bauer, Bürger und Edelmann
müssen in einem gut verwalteten Staat den größten Teil
ihrer Einkünfte selbst genießen können und sie nicht mit
der Regierung teilen müssen." Der preußische Staat hatte
eine sparsame und leistungsfähige Verwaltung. Wenn
Sparen unumgänglich war, begann man mit dem Sparen
oben beim Staat und seiner Verwaltung, nicht unten bei
den Bürgern. Auch das gehört zu den menschlichen
Eigenschaften der preußischen Monarchie.

„Liebe deinen Nächsten wie dich selbst"

Die Sieger des Zweiten Weltkrieges zerteilten das Deutsche Reich in vier Zonen und zerstörten damit den bisher einheitlichen deutschen Wirtschaftsraum. Sie beschlossen auf Grund einer englischen Initiative die Abtrennung der preußischen Ostgebiete und ordneten gleichzeitig die Austreibung der dortigen Bevölkerung an. 13 Millionen Menschen waren betroffen; 2,3 Millionen Menschen kamen dabei ums Leben. Viele von ihnen auf die grausamste Weise. Es ist heute die internationale Auffassung, daß diese Vertreibung zu den größten Menschheitsverbrechen der Geschichte gehört. Man sieht, „Demokratie" darf man nicht mit Menschlichkeit verwechseln. Im Gegensatz zu der bisherigen europäischen Tradition wurde Deutschland als die besiegte Nation einer unsäglichen Demütigung unterzogen, um die Deutschen mit einem Haß auf sich selbst zu indoktrinieren. Dank der vielen deutschen Anpasser aus Wissenschaft und Politik hatte dieses Vorgehen der Alliierten leider Erfolg. Es war die härteste, erbarmungsloseste und unmenschlichste Kriegsbeendigung in der neueren europäischen Geschichte. „In der Bibel steht: ‚Liebe deinen Nächsten wie dich selbst'. Das gilt auch für Nationen, die sich zunächst selbst lieben und achten müssen, um die Liebe und Achtung zu anderen Nationen entfalten zu können."

Preußische Armee

Mit dem vorstehenden Ausspruch von Ricarda Huch sollte eigentlich das Thema beendet werden. Aber wir können das Thema Preußen nicht erschöpfend behandeln, ohne die Armee zu erwähnen. Sie wird mit Attributen wie Kadavergehorsam, Gewalttätigkeit, Aggressivität und mit Beherrschung des Staatswesens durch „autoritäre Verformung des Volkes" gekennzeichnet. Zu diesem Thema ist der israelische Militärhistoriker Martin van Creveld in seinem Buch „Fighting Power, German and US-Army Performance 1918-1945" zu zitieren: „Das deutsche Heer war eine vorzügliche Organisation in Hinblick auf Moral, Elan, Truppenzusammenhalt und Elastizität, keine Armee war ihnen unter den Armeen des 20. Jahrhunderts ebenbürtig. Diese Organisation war das Produkt von jahrhundertelanger Entwicklung und Erziehung. Der deutsche Soldat hatte keine Veranlagung zur Psychose. Er kämpfte nicht in Gedanken an Hitlers Ideologie. Das Gegenteil kommt der Wahrheit näher."

Hier zeigt sich eine Parallele zur Sowjetunion. Auch dort war der Soldat nicht ausreichend mit der kommunistischen Ideologie zu motivieren, so daß Stalin sich entschloß, den Krieg als vaterländischen Krieg zu bezeichnen. Furs Vaterland, für Mütterchen Rußland setzte sich der Soldat, unter Opferung seines Lebens, bereitwillig ein.

Creveld schreibt weiter: „Im Gegensatz zu den weit-
verbreiteten Klischees vom Kadavergehorsam und der
preußischen Disziplin hatte das deutsche Heer immer die
entscheidende Bedeutung der Eigeninitiative und Verant-
wortlichkeit, selbst auf den untersten Ebenen, betont.
Vom jüngsten Soldaten an aufwärts muß überall selbstän-
diges Einsetzen der ganzen geistigen und körperlichen
Kraft gefordert werden. Nur so läßt sich die volle Leistungsfähigkeit der Truppe zur Geltung bringen. **Das voll-
ständige Vertrauen der Vorgesetzten zu ihren Untergebe-
nen und umgekehrt war ebenfalls Teil des Erfolgs der
preußischen Armee.** Dieses gegenseitige Vertrauen mußte
sich entwickeln und aufgebaut werden. Die Grundlage für
die Führung bildeten der Auftrag und die Lage. Der Auftrag bezeichnet das zu erreichende Ziel."

Der Beauftragte darf das Ziel natürlich nicht aus dem
Auge verlieren. Doch muß die Führung den Unterführern
Freiheit des Handelns lassen. Der berühmte amerikanische General Patton fand die Auftragstaktik der deutschen
Armee schwer verständlich, er drückte damit unausge-
sprochen eine Anerkennung der als überlegen empfunde-
nen deutschen Armeeführung aus. Alles in allem: Das
von August Hermann Francke in seinen Franckeschen
Stiftungen praktizierte Prinzip, die Kinder zur Eigenständigkeit zu erziehen, hat sich hier als Auftragstaktik durchgesetzt. Auch hier ist eine lange Tradition im preußischen
Denken zu verzeichnen. Wenn von der humanen Bilanz
Preußens gesprochen wird, dann bedeutet das auch, die
Frage nach dem Verhalten des deutschen Soldaten zu stellen. Heute wird die überwiegende Anzahl der anständig

kämpfenden deutschen Soldaten in böser Absicht als
Hunnen verleumdet. Und das gilt schon seit dem Krieg
1870/71, als sich die deutschen Truppen gegen Frankreich
durchsetzen mußten. So hat König Wilhelm I. von Preußen am 11. August 1870, also wenige Tage nach Beginn
des Krieges gegen Frankreich, folgende Proklamation
erlassen: „Ich führe Krieg mit den französischen Soldaten
und nicht mit den französischen Bürgern. Diese können
die Sicherheit ihrer Person und ihrer Güter genießen,
solange sie nicht selbst durch feindliche Unternehmungen
gegen deutsche Truppen mir das Recht nehmen, ihnen
meinen Schutz zu gewähren."

Prinz Friedrich Karl von Preußen, der Oberkommandie-
rende der 2. Armee, erließ am 6. August 1870 im franzö-
sisch-deutschen Krieg folgenden Heeresbefehl: „Soldaten
der 2. Armee, ihr betretet französischen Boden. Das französische Volk ist nicht gefragt worden, ob es mit seinen
deutschen Nachbarn einen blutigen Krieg führen wolle.
Ein Grund zur Feindschaft ist nicht vorhanden. Seit
dessen eingedenk den friedlichen Bewohnern Frankreichs
gegenüber, zeigt ihnen, daß in unserem Jahrhundert zwei
Kulturvölker selbst im Kriege miteinander die Gebote der
Menschlichkeit nicht vergessen. Denkt stets daran, wie
eure Eltern es in der Heimat empfinden würden, wenn ein
Feind, was Gott verhüte, unsere Provinz überschwemmte.
Zeigt den Franzosen, daß das deutsche Volk nicht nur
groß und tapfer, sondern auch gesittet und edelmütig dem
Feinde gegenüber ist."

Unterschrift: Friedrich Karl Prinz von Preußen.

Von keiner Armee in der Welt sind derartige Proklama-
tionen an die eigenen Soldaten bekannt. Der Erfinder des
Partisanenkrieges, also des Krieges aus dem Hinterhalt,
ist Gambetta, der Führer der republikanischen Armee im
Krieg Frankreich gegen Preußen 1870/71. Die Preußen,
auch die preußischen Völkerrechtsjuristen, standen dem
Status des Partisanen als Soldat immer ablehnend gegenüber. Die erste Genfer Konvention von 1864 mit ihren
menschlichen Bestimmungen und die Haager Landkriegs-
ordnung sind im wesentlichen auf die Forderung Preußens zurückzuführen. Auch das gehört zur humanen
Bilanz Preußens.

Schlesischer Krieg 1740

Aus den vielen Vorwürfen gegenüber dem preußischen Militärwesen sollen hier nur einige Beispiele herausgegriffen werden: Preußen wird vielfach die unmotivierte Eroberung von Schlesien 1740 vorgeworfen, die als typisches Beispiel für das aggressive Verhalten dieses Staates angeführt wird. Abgesehen davon, daß die Aneignung fremder Gebiete durch militärische Mittel in jener Zeit nichts Ungewöhnliches war, besaß Friedrich im Gegensatz zu anderen ausgreifenden Staaten (USA, England, Frankreich) einen Rechtsanspruch auf einen großen Teil des Gebietes seines Begehrens. Im Jahre 1537 schlossen die Herzöge von Brieg, Wohlau, Jägerndorf und Liegnitz einen damals unter den Fürsten rechtlich anerkannten Erbverbrüderungsvertrag mit Brandenburg (Kurfürst Joachim II.). Mit dem Aussterben der Familien der schlesischen Herzöge sollten die Gebiete an Brandenburg fallen. Obwohl 1665 die Herzöge ausgestorben waren, bemächtigte sich Österreich dieser Gebiete und verweigerte gegen das Recht die Herausgabe an Brandenburg. Diese Herausgabe hat der Große Kurfürst mehrfach von Österreich verlangt. Gebietsmäßig etwa 43 % von Schlesien standen Friedrich daher rechtlich zu. Er schrieb am 4. Dezember 1740 an den englischen König, seinen Onkel: „Ich will mit dem Einmarsch nach Schlesien verhindern, daß andere Staaten sich seiner bemächtigen, was meinen

Interessen Abbruch tun könnte und höchst nachteilig für meine gerechten Ansprüche sein könnte, die mein Haus schon immer auf den größten Teil des Landes gehabt hat." Friedrich war sich seiner Ansprüche auf die schlesischen Gebiete bewußt, trotzdem hat er entgegen dem Rat seiner Ratgeber, wozu in erster Linie der in Halle lehrende Staatsrechtler Johann Peter von Ludewig gehörte, nach außen von der Berufung auf diese Rechte beim Einfall auf Schlesien keinen Gebrauch gemacht. Das Gutachten von Ludewig stammte aus den Jahren 1739/40 und ist von ihm im Auftrag Friedrichs des Großen speziell für diese Frage angefertigt worden.

Da Friedrich auf einen bedeutenden Teil Schlesiens unbestreitbare Rechtsansprüche besaß, war sein Angriff auf Österreich 1740 zur Inbesitznahme von Schlesien ein für die damalige Zeit kein außergewöhnlicher Vorgang, daher nur bedingt als ein Eroberungskrieg einzustufen. In den weiteren Kriegen um Schlesien verteidigte Friedrich seine in den Friedensverträgen mit Österreich vertraglich anerkannte Aneignung Schlesiens durch Preußen. Wer war da der Aggressor? Was würde die Welt sagen, wenn Deutschland seine Ostgebiete wieder zurückerobern wollte? Auch wenn kriegerische Handlungen vorangegangen sind, eine friedensvertragliche Anerkennung, auch wenn es sich um eine Gebietsaneignung handelt, schafft gültige Rechtstitel.

Für die späteren napoleonischen Kriege sind nicht die Preußen, sondern Napoleon verantwortlich. Diese Kriege sind somit ebenfalls nicht als aggressive Akte des preußischen Staates einzustufen. Jegliche Vorwürfe in dieser Hinsicht waren und sind unberechtigt.

Als nächster Konflikt mit einem ausländischen Staat kommt nur der Einigungskrieg Frankreich gegen Preußen-Deutschland 1870 in Betracht. Die Spannungen zwischen den beiden Ländern führten als Folge einer diplomatischen Verwicklung 1870 zur Explosion: Frankreich erklärte Preußen den Krieg. Weil die anderen deutschen Länder sich Preußen anschlossen, entstand daraus der sogenannte französisch-deutsche Krieg. Die anschließende Annexion von Elsaß-Lothringen durch Deutschland wird von Historikern gern als aggressiver Akt Preußens bezeichnet, oder unberechtigt als Eroberung angesehen. Zu recht? 1648 annektierte Frankreich die deutsch-habsburgischen Bistümer Metz, Thul und Verdun, nach Ansicht Bismarcks der Beginn des Konflikts zwischen Frankreich und Deutschland. Außerdem übernahm Frankreich Breisach und erhielt Besatzungsansprüche in Philippsburg. Im Rahmen der sogenannten Reunionskriege erwarb Frankreich später weitere Besitztitel im Elsaß. 1681 einverleibte sich Frankreich Straßburg und das ganze Elsaß. Außerdem Städte wie Prümm, Zweibrücken, Saarbrücken, Trier und Speyer. Es sind Besitztitel, die Frankreich sich aufgrund seiner Aggression und Eroberungssucht angeeignet hatte. Jacob Burckhardt, der große schweizerische Kulturphilosoph, kennzeichnete die Lage mit folgenden Worten: „Mit der Zeit wird der Gewaltsinn eine natürliche Funktion des französischen Geistes. Die französische Eroberungssucht steckt die anderen an, sich um jeden Preis zu vergrößern."

Während der Kapitulationsverhandlungen bei Sedan im Jahre 1870, die mit dem französischen General von Wimpffen geführt wurden, machte Bismarck auf die Brisanz der deutsch-französischen Beziehungen aufmerksam und drückte damit seine aufrichtige Sorge vor dem unberechenbaren französischen Gegner aus: „Es würde Torheit sein sich einzubilden, daß Frankreich uns unsere Erfolge verzeihen könnte. Sie sind ein über die Maßen eifersüchtiges, reizbares und hochmütiges Volk. Seit zwei Jahrhunderten hat Frankreich 30 mal Deutschland den Krieg erklärt, wie immer aus Eifersucht. Und diesmal wieder aus Eifersucht, weil man uns unseren Sieg von Sadowa (Königgrätz) nicht verzeihen konnte, obgleich dieser Sieg Frankreich und seinem Ruhme keinen Eintrag getan hatte. Aber es scheint, daß der Sieg eine dem französischen Volke allein vorbehaltene Apanage, daß er ein Monopol für dasselbe ist. Man konnte uns Sadowa nicht verzeihen, und würde man uns Sedan verzeihen? Nimmermehr! Wenn wir jetzt den Frieden (nach den Wünschen von General Wimpffen) schlössen, in 5 Jahren, in 10 Jahren, sobald Frankreich es vermöchte, würde es den Krieg wieder anfangen. Das ist die Dankbarkeit, die wir von der französischen Nation zu erwarten haben. Wir sind im Gegensatz dazu eine friedliebende Nation, welche in Ruhe zu leben wünscht und leben würde, wenn man uns nicht fortwährend reizte. Heute ist es genug. Frankreich muß für seinen eroberungslusigen und ehrgeizigen Charakter gezüchtigt werden; wir wollen die Sicherheit unserer Kinder wahren, und dazu ist es nötig, daß wir zwischen Frankreich und uns ein Glacis, ein Territorium, Festung und Grenzen haben, die uns gegen einen Angriff schützen." (Bismarck).

Ende der achtziger Jahre nahmen die Spannungen zwischen den europäischen Großmächten wieder zu, auch England, Frankreich wie auch Rußland waren daran beteiligt. Die Ansprüche dieser Länder auf Gebiete des sich in Auflösung befindlichen Osmanischen Reiches (Türkei) spielten hierbei eine entscheidende Rolle. Der vortragende Rat im Auswärtigen Amt, Friedrich von Holstein, schrieb an den deutschen Botschafter in London im Jahre 1888: „Hier ist eigentlich alle Welt für den Krieg mit fast alleiniger Ausnahme von seiner Durchlaucht, dem Herrn Reichskanzler Otto von Bismarck, der alle Anstrengungen macht, um den Frieden zu erhalten." Bismarck hatte sich schon im Berliner Kongreß 1878 als „ehrlicher Makler" bemüht, die differierenden Interessen der Großmächte zu schlichten. Es wurde ihm leider nicht von allen Seiten gedankt. Nun nahm er am 6. Februar 1888 in seiner großen Rede vor dem Reichstag Gelegenheit, den anderen Mächten darzustellen, daß Deutschland nicht aus Schwäche, sondern aus Stärke am Frieden interessiert ist. Er führte unter anderem wörtlich aus: „Wenn ich sage, wir müssen dauernd bestrebt sein, allen Eventualitäten gewachsen zu sein, so erhebe ich damit den Anspruch, daß wir größere Anstrengungen machen müssen als andere Mächte zu gleichem Zwecke, wegen unserer geographischen Lage. Wir liegen mitten in Europa. Wir haben mindestens drei Angriffsfronten. Frankreich hat nur seine östliche Grenze, Russland nur seine westliche Grenze, auf der es angegriffen werden kann. Wir sind außerdem der Gefahr der Koalition nach der ganzen Entwicklung der Weltgeschichte, nach unserer geographischen Lage und nach dem vielleicht minderen Zusammenhang, den die deutsche Nation bisher in sich gehabt hat im Vergleich mit anderen, mehr ausgesetzt als irgendein anderes Volk. Gott hat uns in eine Situation gesetzt, in welcher wir durch unsere Nachbarn daran verhindert werden, irgendwie in Trägheit oder Versumpfung zu geraten. Er hat uns die kriegerischste und unruhigste Nation, die Franzosen, an die Seite gesetzt, und er hat in Rußland kriegerische Neigungen groß werden lassen, die in früheren Jahrhunderten nicht in dem Maße vorhanden waren. So bekommen wir gewissermaßen von beiden Seiten die Sporen und werden zu einer Anstrengung gezwungen, die wir vielleicht sonst nicht machen würden. Die Hechte im europäischen Karpfenteich hindern uns, Karpfen zu werden, indem sie uns ihre Stacheln in unseren beiden Flanken fühlen lassen; sie zwingen uns zu einer Anstrengung, die wir freiwillig vielleicht nicht leisten würden, sie zwingen uns auch zu einem Zusammenhalten unter uns Deutschen, das unserer innersten Natur widerstrebt; sonst streben wir lieber auseinander."

„Und was uns kein Volk in der Welt nachmachen kann: Wir haben Offiziere und Unteroffiziere, um diese ungeheure Armee zu kommandieren. Das ist, was man nicht nachmachen kann. Dazu gehört das ganz eigentümliche Maß der Verbreitung der Volksbildung in Deutschland, wie es in keinem anderen Lande wieder vorkommt. Das Maß von Bildung, welches erforderlich ist, um einen Offizier und Unteroffizier zum Kommando zu befähigen nach den Ansprüchen, die der Soldat an ihn macht, existiert bei uns in sehr viel breiteren Schichten als in irgendeinem anderen Lande. Wir haben mehr Offiziere und Unteroffi-

ziere als irgendein anderes Land, und wir haben ein Offi-
zierkorps, welches uns kein anderes Land der Welt nachmachen kann.

Darin besteht unsere Überlegenheit und ebenso in der
Überlegenheit unseres Unteroffizierskorps, welches ja die
Zöglinge unseres Offizierskorps bilden. Das Maß von Bildung, welches einen Offizier befähigt, nicht nur die sehr
strengen Anforderungen an seinen Stand, an Entbehrun-
gen, an Pflege der Kameradschaft unter sich, sondern
auch die außerordentlich schwierigen sozialen Aufgaben
zu erfüllen, deren Erfüllung notwendig ist, um die Kameradschaft, die bei uns, Gott sei Dank, im höchsten Grade
in rührenden Fällen existiert zwischen Offizieren und
Mannschaften, um die ohne Schaden der Autorität herzustellen – das können uns die anderen nicht nachmachen,
das Verhältnis, wie es in deutschen Truppen zwischen
Offizieren und Mannschaften namentlich im Kriege mit
wenigen üblen Ausnahmen besteht – exceptio firmat
regulam; aber im ganzen kann man sagen: Kein deutscher
Offizier lässt seinen Soldaten im Feuer im Stich, er holt
ihn mit eigener Lebensgefahr heraus, und umgekehrt:
Kein deutscher Soldat lässt seinen Offizier im Stich – das
haben wir erfahren.

Wenn andere Armeen gleiche Truppenmassen, wie wir sie
hiermit zu schaffen beabsichtigen, mit Offizieren und
Unteroffizieren besetzen sollen, so werden sie unter Umständen genötigt sein, Offiziere zu ernennen, denen es
nicht gelingen wird, eine Kompanie durch ein enges Tor
herauszuführen."

Nach der Schlacht bei Roßbach (1757), die Friedrich mit 22.000 Mann gegen eine Übermacht aus Franzosen und Reichsarmee von 41.000 Mann gewonnen hatte, schrieb der französische General Graf Saint-Germain an seinen Freund du Verney in Paris:

„Ich habe viele Leiden erfahren durch die Zügellosigkeit und Frechheit unserer Truppen, man muß hoffen, daß der Hof Ordnung schafft. Es bedarf großer Heilmittel: und wenn man das Messer nicht an die Wurzel setzt, muß man auf den Krieg verzichten. ... Das Land ist mit unsern Soldaten auf vierzig Meilen in die Runde bedeckt gewesen, sie haben geplündert, gemordet, Frauen entehrt, geraubt und alle möglichen Greuel begangen. Hätte der Feind uns verfolgt, nachdem er mich geworfen, so würde er unsere ganze Armee vernichtet haben. ... Es ist gewiß, daß der König von Preußen Befehl gegeben hat, unserer Leute zu schonen. Nicht zu übertreffen ist der Edelmut, mit dem er unseren Gefangenen begegnet ist. Als sie ihre Briefe unversiegelt schickten, mit der Bitte, sie durchzulassen, da sagte der König: ‚Ich kann mich nicht daran gewöhnen, Sie als meine Feinde zu betrachten und ich habe kein Mißtrauen gegen Sie. Also versiegeln Sie Ihre Briefe und Sie sollen auch die Antworten ungeöffnet empfangen.'"

Prügelstrafe

So könnten noch viele weitere Vorwürfe erörtert werden, die dem preußischen Militär damals und heute gemacht werden. Einer von diesen Vorwürfen soll hier noch behandelt werden: das ist die sogenannte Prügelstrafe, die die preußische Armee bis 1806 vor allen Dingen bei Desertionen angewandt hat. In allen europäischen Ländern wurde die Prügelstrafe bei Desertion angewandt, in Frankreich sogar die Todesstrafe. Der Unterschied war, daß man in England die Prügelstrafe mit der sogenannten „Cat of nine tails" vollzog. Sie war besonders grausam. Die Prügelstrafe in der altpreußischen Armee wurde mit einer Haselnußrute vollzogen. Sie führte in der Regel nicht zum Tod. Mehr als 200 Schläge mit der „Cat of nine tails" konnte allerdings kein Mensch überleben. Als Militärstrafe wurde die Prügelstrafe in Preußen 1806 abgeschafft. Dagegen wurde in England die Prügelstrafe als Militärstrafe erst 1868 eingestellt, als Kriminalstrafe sogar erst 1876. Der öffentliche Vollzug der Prügelstrafe auf Kriegsschiffen wurde in England noch bis in die sechziger Jahre des 19. Jahrhunderts vollzogen. Wenn man bedenkt, daß ein großer Teil der Mannschaften der Kriegsschiffe von sogenannten „press gangs" mit Gewalt auf die Schiffe gebracht wurde, dann kann man sich vorstellen, was die Prügelstrafe für die Aufrechterhaltung der Disziplin auf den englischen Schiffen bewirkt hat. Bei einigen Regimentern der preußischen Armee wurde die Prügelstrafe niemals angewandt, das gilt zum Beispiel für die Truppen, die unter der Führung des berühmten Reitergenerals von Seydlitz standen.

Das Militär in Preußen war streng, aber gerecht und menschlich. Alles andere ist Propaganda, und zwar vorwiegend aus sozialistischer Ecke. Die Entstehung des Begriffs „Militarismus" stammt übrigens aus Frankreich von einem Sozialisten, nämlich von Proudhon. Der Vorwurf richtete sich zunächst gegen das französische Militär, erst später gegen die preußische Armee.

Freundschaftsvertrag mit den USA

Der Freundschafts- und Handelsvertrag zwischen Preußen und den Vereinigten Staaten von Amerika (USA)
vom 10. September 1785 soll hier noch erwähnt werden.
Auf Wunsch Preußens wurde in dem Vertrag vereinbart,
daß Zivilpersonen bei einer kriegerischen Auseinandersetzung gänzlich unbehelligt bleiben sollten. Es war das
Ziel dieses Vertrages, den Krieg möglichst auf den militä-
rischen Bereich zu beschränken sowie Leben und Eigentum der Zivilbevölkerung zu schützen. Hiergegen verstie-
ßen die Kriegsparteien im amerikanischen Sezessionskrieg (1861-65) als erste. So scheuten sich die Nordstaaten
nicht, gegen die Zivilbevölkerung der Südstaaten unmittelbar vorzugehen. Auf einer Breite von 100 km zerstörten
und verbrannten sie die Wohngebiete der Bevölkerung,
um sie zum Einlenken zu bewegen. Dieser Vernichtungs-
zug gegen die Zivilbevölkerung ist unter dem Namen
„Anakonda" in die Geschichte des Sezessionskrieges
eingegangen. Diese Strategie hatte Ähnlichkeit mit dem
englischen und amerikanischen Bombenterror gegen
Frauen und Kinder im Zweiten Weltkrieg.

Die Linderung des Geschicks von Kriegsgefangenen
wurde in diesem Vertrag von 1785 ebenfalls geregelt. Die
Regelungen über die Behandlung von Kriegsgefangenen
und der Zivilbevölkerung sollten in jeder Art von Kriegs-

zustand Geltung haben. Lange vor der Genfer Konvention hat dieser Vertrag Grundsätze über die Wahrung der Menschlichkeit in Kriegszeiten formuliert und wurde damit der erste völkerrechtliche Vertrag, durch den elementare menschliche Rechte ins Völkerrecht eingegangen sind. Diese Regelungen, die auf die Initiative von Preußen zurückgingen, wurden zuerst von den USA und anderen Staaten, nicht aber von Preußen verletzt.

An die vielen humanen Entscheidungen in der preußischen Geschichte erinnert uns die Garnisonkirche in Potsdam. „Üb immer Treu und Redlichkeit." Dieses Wort ist mit Inhalt zu füllen, auch in der Wirtschaft. In der Zeit des industriellen Aufbruchs (Kaiserzeit 1871-1914) galt dieser Satz uneingeschränkt. „Nicht Almosen, sondern Arbeit soll den Menschen gegeben werden" war eine Grundregel des preußischen Pietismus, und so muß auch der preußische Rechts- und Wirtschaftsstaat verstanden werden. Er gewährte seinen Bürgern völlige Freiheit in ihrer Lebensgestaltung, wozu die Wahl des Wohnsitzes, die Berufswahl und auch die Unternehmerfreiheit gehörten. Viele deutsche Historiker behaupteten nach dem Krieg in Anlehnung an die USA und England, Deutschland habe unter einem mangelnden Liberalismus gelitten und sei daran 1918 zugrunde gegangen. Was diese Historiker unter Liberalismus verstanden, haben sie leider nicht erläutert. Sie konnten es auch nicht, denn ihre Thesen gehörten zur Umerziehungspropaganda. Nach den Grundregeln der Propaganda sind eben nur Schlagworte zu verwenden, ohne sie inhaltlich zu erklären. Daran mangelt es in der Regel bei einigen Historikern. Die Menschen wol-

len Ordnung und gut regiert werden. Außerdem wollen
sie einen Arbeitsplatz. Darauf kommt es an. Wohltuend
abgehoben ist die Verfassungsgeschichte von Ernst Rudolf
Huber, einem Juristen, der sich aufgrund seiner Ausbildung stets bemühte, für seine Behauptungen auch Erklä-
rungen und Begründungen zu finden. Das setzt natürlich
Faktenkenntnisse voraus.

Dank der preußischen Tradition war der deutsche Staat
überaus erfolgreich in Wirtschaft und Wissenschaft.
Damit löste er bei den anderen Großmächten Neid,
Begehrlichkeiten und sogar Haß aus. Aber es bleibt ebenfalls eine menschliche Seite des preußisch-deutschen Staates, daß eine äußerst geringe Arbeitslosigkeit während der
Zeit des Kaiserreichs herrschte, mit 1–2 % Durchschnitt
die geringste Arbeitslosigkeit in Europa. Ebenso war die
Vermögensverteilung in Deutschland im Vergleich zu den
USA wesentlich ausgeglichener. Wir müssen erkennen,
daß diesen Leistungen der deutschen Wirtschaft eine star-
ke menschliche Komponente innewohnte. Denn es ist für
das Selbstbewußtsein des Menschen wichtiger, eine Arbeit
zu haben als Almosen zu empfangen.

Schlußbemerkungen:

Preußen war eine Monarchie, zwar konstitutionell, aber nicht parlamentarisch demokratisch. Daran ist nicht zu zweifeln. Es war daher ein Stich in das Herz Preußens, als man den Deutschen Kaiser und König von Preußen im Jahre 1918 zum Rücktritt und zur Flucht nach Holland zwang.

Die politische Willensbildung im Deutschen Kaiserreich wurde auf der einen Seite von den politischen Parteien und auf der anderen Seite von der Bürokratie wahrgenommen. Beide Kräfte standen im Gleichgewicht. Das Parlament war die Bühne der Parteien. Hier konnten sie zu allen Fragen der Politik und der Regierung Stellung nehmen und bei dem Gesetzgebungsverfahren und besonders bei dem Haushaltsgesetz auch ihren Willen durchsetzen. Verwehrt war ihnen allerdings die Berufung und Abberufung von Personen, sozusagen die Personalpolitik. Das war allein Sache des Monarchen. Er berief selbst die höchsten politischen Stellen durchweg aus Angehörigen der Bürokratie, wo sie sich vorher bewährt haben mußten. Das war bei der strengen Auslese von Beamten eine gewisse Garantie für Qualität. Die Minister mußten in den Parlamenten für die Gesetzesvorlagen ihre Mehrheiten finden und vor allen Dingen den Haushalt bewilligt erhalten. Die Folge von diesem konstitutionellen Regie-

rungssystem in Deutschland war ein Gleichgewicht von
Bürokratie und politischen Parteien. Eine Mitwirkung
oder sogar ausschließliche Entscheidungsbefugnis des
Parlaments bei der Auswahl der Beamten hätte dieses
Gleichgewicht prinzipiell gestört und zu Gunsten der Parteien verschoben. Es ist nicht zu erkennen, welcher Vorteil
sich daraus für die Bevölkerung hätte ergeben können.

Unsere Parteien haben in der Gegenwart alle Macht im
Staat usurpiert. Sie ernennen die Behördenleiter, die Beamten, Schulleiter, Gerichtspräsidenten, sogar die Zusam-
mensetzung der Richter an den höheren Gerichten. Noch
vor 20 Jahren mußte in Nordrhein-Westfalen sogar der
Hausmeister einer Schule der Regierungspartei angehö-
ren. Bei allen wichtigen Ämtern begünstigen die Parteien
ihre Funktionäre. Dabei sprechen sie sogar von sozialer
Gerechtigkeit. Für „soziale Gerechtigkeit" haben die Par-
teifunktionäre, soweit es um die eigenen Belange geht,
kein Gefühl. Seit den achtziger Jahren fordert die Deutsche Bundesbank die Anpassung der Staatsausgaben an
die Staatseinnahmen. Das Gegenteil ist geschehen. Die
Staatseinnahmen stiegen zwar, aber die Ausgaben stiegen
noch mehr. Sparmaßnahmen beim Staat würden die
Pfründen der Parteien schmälern, wozu bei den Parteien
keine Bereitschaft besteht.

An diesem Punkt verläuft die Scheidelinie. Nach Montesquieu fordert der Rechtsstaat die Gewaltenteilung von
Gesetzgebung, Rechtsetzung und Verwaltung. Dieser
Regel steht die heutige Omnipotenz der Parteien unver-
söhnlich gegenüber. War das konstitutionelle Regierungs-

system im Deutschen Kaiserreich, nämlich das Gleichgewicht von Verwaltung und politischen Parteien, nicht besser und vorteilhafter für das Volk? Viele deutsche Historiker sind der Meinung, daß das kaiserliche Regierungssystem unmodern (vorindustriell) gewesen sei. Erst unsere heutige Parteienherrschaft sei der Industriegesellschaft angemessen und daher modern. Der Leser mag selbst beurteilen, ob sich hinter diesem Urteil nicht Unkenntnis oder sogar eine Ignoranz gegenüber den Notwendigkeiten einer modernen Wirtschaftsgesellschaft verbirgt. Unter den konstitutionellen Regierungssystemen besaß Deutschland weltweit das erfolgreichste Bildungs- und Wissenschaftssystem sowie die erfolgreichste Wirtschaftsstruktur.

Der gemeinsame Wille der Regierungen Rußlands, Englands, Frankreichs und der USA hatte nur das Ziel, Deutschlands Wirtschaft zu begrenzen und in Abhängigkeit zu halten. Diese Absicht wurde auf der Wirtschaftskonferenz in Paris während des Ersten Weltkrieges im Sommer des Jahre 1916 festgelegt. Unter ständiger Berufung auf Humanität und Menschenrechte erklärte der amerikanische Präsident Wilson als Ziel seines Krieges (Erster Weltkrieg) die Befreiung der Völker von der Bedrohung durch das unmenschliche Deutschland, das unverantwortlich und menschenfeindlich regiert werde. Die alliierten Feindmächte hatten im Ersten Weltkrieg die Deutschen zu Feinden der Menschheit schlechthin erklärt. In ihrer Propaganda wurden die Deutschen als Hunnen bezeichnet. Das Ergebnis dieser Einstellung und der Propaganda waren die völlig unsinnigen und für Europa bis heute nachteiligen und schädlichen Wirkungen der Friedensbedingungen von Versailles 1918/19. Der Erste Weltkrieg war, wie der bekannte amerikanische Diplomat George F. Kennan es zutreffend nannte, die Urkatastrophe Europas. Hiermit meinte er nicht nur den Verlauf des Krieges, sondern vordringlich seine Beendigung durch den sogenannten Versailler Friedensvertrag (Diktat). Ohne die aggressive und von Deutschland auch nicht provozierte Kriegsbeteiligung der USA hätten die europäischen Staaten das Deutsche Kaiserreich nicht besiegt. Darauf hat Churchill zu Recht schon im Jahr 1936 in seinem Brief an seinen Freund William Griffin hingewiesen.

Die Forschung über die Vorgeschichte des Ersten Weltkrieges erfährt seit etwa 1975 international und national eine bemerkenswerte Neuorientierung. Der schwierige Vergleich der deutschen Politik mit der Politik der anderen Nationen tritt an die Stelle der bisher recht provinziell agierenden Nabelschau der deutschen Kriegsschuldforschung. Auf die Notwendigkeit eines solchen Vergleichs hat im Zusammenhang mit der Kontroverse über das Buch von Fritz Fischer („Griff nach der Weltmacht") schon Professor Dr. Michael Freund hingewiesen. Er schrieb wörtlich: „Der Lebensatem der Geschichtsschreibung ist der Vergleich; die Geschichte besteht aus dem Ineinandergreifen von Handlungen aus Rede, Antwort und Gegenantwort. Jede Tat ist nur nach der Tat zu begreifen, auf die sie antwortet. Jeder Staatsmann nur zu beurteilen nach seinen Gegenspielern. Viele Historiker lassen das Deutsche Reich und Bethman-Hollweg eine Geisterpartie spielen auf einem Schachbrett, auf dem nur

114

die weißen Figuren sichtbar sind, auf dem daher nur ein ewiges Angreifen, Vordringen gegen ein unschuldiges Dunkel zu sehen ist." Und Freund bemerkt auch, daß Preußen nicht der Fuchs inmitten harmlosen Federviehs gewesen sei. Gerade weil der Erste Weltkrieg immer wieder Akteuren, Politikern und Historikern, als Beispiel für die Aggressivität Preußen-Deutschlands dient, ist es notwendig, gerade darauf hinzuweisen. Professor Dr. Gregor Schöllgen aus Erlangen hat im Oktober 1998 wörtlich geschrieben: „Die jetzt von deutschen Forschern für die Politik des kaiserlichen Deutschlands vorgelegten Antworten, lassen aufhorchen. Anders als ein bisher sorgfältig kultiviertes Vorurteil suggerierte, hat es in der deutschen Außenpolitik durchaus und immer wieder den Versuch gegeben, den Krieg zu vermeiden. Es war in den Reihen des deutschen Militärs sicher, daß ein allgemeiner europäischer Krieg nicht kurz und für Deutschland nicht zu gewinnen sein werde. Daß die deutsche Politik im Juli 1914 versagte, hat in erster Linie mit dem Mangel an Alternativen zu tun, der dazu führte, daß es unter dem Eindruck der Situation (russische Generalmobilmachung mit der Verlegung kampfbereiter russischer Divisionen an die deutsche Grenze) und der drängenden deutschen Militärs zu einer so offenkundig kritischen Entscheidung kam."

Um die Katastrophe des Kriegsausbruchs 1914 wirklich verstehen zu können, muß man den Blick in jene Zeit zurücklenken, in der die Weichen gestellt worden sind und fragen, ob sich die Akteure der Tragweite ihrer Entscheidungen bewußt gewesen sind und ob sie realisierbare

Alternativen gesehen haben oder sehen konnten. Diese Akteure, es waren damals England, Frankreich und Rußland, waren sich der Tragweite ihrer gegen Deutschland gerichteten Bündnisse durchaus bewußt. Schon Bismarck fürchtete sich vor einer „Einkreisung" durch diese drei Mächte. **Das bewog auch den früheren englischen Premierminister Lord Rosebery schon im Jahre 1904 durchaus zutreffend zu sagen: „Dieser Vertrag (zwischen den drei Staaten) bedeutet nicht Sicherheit, sondern Krieg mit Deutschland."** Und das sollten die angeblich so klugen und weitsichtigen englischen Diplomaten nicht gewußt haben?

„Neuere Forschungen lassen aufhorchen. Hatte man sich nicht darauf verständigt, daß nur die deutsche Politik in die Verantwortung für den Kriegsausbruch zu nehmen sei? Professor Dr. Konrad Kanis sieht das anders. Vorsichtig in der Formulierung, eindeutig in der Sache, rückt bei ihm Großbritannien – wieder – als Hauptverantwortlicher ins Zentrum des Geschehens. Daß die internationale Mächtekonstellation um die Jahrhundertwende in Bewegung geraten war, lag nicht an der deutschen Flotten- oder Weltpolitik, sondern in erster Linie an England. Kanis ist sich heute sicher, daß es eine tatsächliche englische Bündnisbereitschaft zu Deutschland nicht gegeben hat. England hatte nichts anderes vor, als Deutschland gegen Rußland in China in Stellung zu bringen, möglichst in die vorderste Front. Mit eben diesem Argument, und daher nicht ohne Grund, hatte der deutsche Reichskanzler Bernhard von Bülow die angeblichen britischen Avancen zurückgewiesen. Hinter der deutschen Politik stand tatsächlich keine Bereitschaft zum Krieg, schon gar nicht zum großen europäischen. Und so hält es Kanis für ungerechtfertigt, aus Äußerungen des Deutschen Kaisers auf eine Kriegs-bereitschaft der Reichsleitung zu schließen." (Schöllgen, Historische Zeitschrift 267/399)

Die internationale Geschichtswissenschaft hält heute Deutschland nicht mehr verantwortlich für den Ersten Weltkrieg. Im Gegenteil, die Schwergewichte werden viel stärker in Richtung auf die alliierten Mächte gesetzt. Also auch der Erste Weltkrieg ist kein Zeichen für die un-menschliche oder aggressive Politik Preußen-Deutsch-lands. Man muß nicht gleich wie Lloyd George sprechen, alle seien in den Krieg hineingetaumelt, denn das war nicht der Fall. Hier stand England als eine einfädelnde Macht im Hintergrund, die sich gern nach außen un-schuldig gibt, ohne es zu sein.

Man pflegt ausländische Regierungschefs, auch in histo-rischen Abhandlungen, gewöhnlich höflich zu apostro-phieren, doch an dieser Stelle muß man angesichts der Ereignisse von dieser Regel einmal abweichen. Mit dem französischen Regierungschef und Verhandlungsführer in Versailles Clemenceau hatte ein Mann entscheidenden Einfluß auf die Friedensbedingungen im Jahre 1918, der zu engstirnig und geistig überfordert war, um die fatalen Folgen seiner Bedingungen für Europa in wirtschaftlicher und politischer Hinsicht zu begreifen. Es war die Politik eines Greises, dessen Eindrücke und Vorstellungen der Vergangenheit und nicht der Zukunft angehörten. Er sah das ganze vom engstirnigen Standpunkt Frankreichs aus, nicht von dem der Menschheit und der europäischen Kultur, die sich zu einer neuen Ordnung durchzuringen begann. Er war für diese Aufgabe, die er übernommen hatte, persönlich zu einfältig, vielleicht auch zu alt. Den wirtschaftlichen und organisatorisch am weitesten entwickelten Kernbereich Europas, und das war unzweifelhaft Deutschland, zu zerstören, war eine unbegreifliche Dummheit eines demokratisch-parlamentarisch bestallten Staatsmannes. Europa als einheitlicher Wirtschaftsraum war schon damals von bekannten Wirtschaftsführern (z. B. Siemens, Rathenau u. a.) gefordert worden. Sie alle hatten erkannt, daß den kommenden Wirtschaftszentren in den USA und in Fernost nur eine einheitliche europäische Wirtschaft entgegengestellt werden kann. Dazu brauchte man allerdings ein wirtschaftlich gesundes Deutschland. Denn Deutschland hielt mit seinen Spitzentechniken in Chemie und Elektrizität sowie mit seinem industriellen Organisationstalent den Schlüssel für die technische Modernisierung Europas in der Hand. Die allen technischen Entwicklungen gegenüber aufgeschlossenen Amerikaner hatten das durchaus richtig erkannt, während die Westeuropäer, an ihrer Spitze Clemenceau, für diese Erkenntnis einfach noch nicht reif waren. In der Gegenwart sehen wir, daß Deutschland trotz zweier verlorener Kriege und einer unqualifizierten Bildungspolitik immer noch die wirtschaftliche „Lokomotive" Europas ist, eine andauernde Folge der preußischen Regierungszeit. Wie recht hatte doch der deutsche Außenminister Walther Rathenau mit seinem Ausspruch: „Die Wirtschaft ist unser Schicksal."

Nachwort

§ 130 Strafgesetzbuch der Bundesrepublik Deutschland:
Wer die Menschenwürde anderer (Lebender oder Verstor-
bener) dadurch angreift, daß er Teile der Bevölkerung be-
schimpft, böswillig verächtlich macht oder verleumdet,
wird mit Gefängnis bestraft.

Der US-Congress betete am 10. Januar 1918:
Allmächtiger Gott ... Du weißt, daß wir in einem Kampf auf
Tod und Leben stehen gegen eine der schandbarsten,
gemeinsten, gierigsten, geizigsten, blutdürstigsten, sinnlich-
sten und sündhaftesten Nationen, die je die Geschichts-
bücher geschändet haben. Du weißt, daß Deutschland
aus den Augen der Menschen genug Tränen gepreßt hat ...
daß es genügend Blut vergossen hat ... Wir bitten dich,
entblöße deinen mächtigen Arm und schlage das große Pack
hungriger, wölfischer Hunnen zurück, von deren Fängen
Blut und Schleim tropfen. Wir bitten dich, laß die Sterne auf
ihren Bahnen und die Winde und Wogen gegen sie kämp-
fen ... Und wenn alles vorüber ist, werden wir unsere Häup-
ter entblößen und unser Antlitz zum Himmel erheben ...
Und Preis sei dir immerdar, durch Jesus Christus. Amen.
(Congressional Records – Records of the Second Session of
the Sixty-Fifth Congress of the USA, Vol. LVI, Washington
[DC] 1918, p. 761 f.)

Anhang

Literaturverzeichnis
Namensverzeichnis

Literaturverzeichnis

(1)   James Allen u. a.
       Without Sanctuary
       Twin Palms Publishers (Santa Fee 2000)

(2)   Margaret Lavinia Anderson
       Practicing Democracy
       Princeton University Press (Princeton 2000)

(3)   Margaret Lavinia Anderson
       *Lehrjahre der Demokratie (Practicing Democracy) ins
       Deutsche übersetzt von Sibylle Hirschfeld*
       Franz Steiner Verlag (Stuttgart 2009)

(4)   Willy Andreas und K. F. Reinking (Hrsg.)
       Bismarck Gespräche
       Schibli-Doppler (Basel o. J.)

(5)   Hermann Aubin und Wolfgang Zorn (Hrsg.)
       *Handbuch der deutschen Wirtschafts- und Sozial-
       geschichte, Band 2*
       Klett Cotta (Stuttgart 1976)

(6)   Egon Bahr
       Zum europäischen Frieden
       Corso bei Siedler (Berlin 1988)

(7)   Bank für deutsche Industrieobligationen
       Zahlen aus Deutschlands Wirtschaft
       Reimar Hobbing (Berlin 1931)

(8)   Marie Baum und Jens Jessen (Hrsg.)
        Ricarda Huch: Briefe an die Freunde
        Manesse (Zürich 1986)

(9)   Peter Baumgart (Hrsg.)
        Bildungspolitik in Preußen zur Zeit des Kaiserreichs
        Ernst Klett (Stuttgart 1980)

(10)   Winfried Baumgart
        Deutschland im Zeitalter des Imperialismus
        Ullstein (Berlin 1972/1982)

(11)   Hans Bentzien
        Ich Friedrich II.
        Das Neue Berlin (Berlin 2006)

(12)   Ernst Berner
        Geschichte des preußischen Staates
        Verlagsanstalt für Kunst und Wissenschaft
        (München 1891)

(13)   Otto von Bismarck
        Werke in Auswahl (8 Bände)
        Wissenschaftliche Buchgesellschaft
        (Darmstadt 1975)

(14)   David Blackbourn und Geoff Eley
        Mythen deutscher Geschichtsschreibung
        Ullstein (Berlin 1980)

(15)   Gustave Le Bon
        Psychologie der Massen
        Alfred Kröner (Stuttgart 1911/1982)

(16)   Horst Boog u. a. (Hrsg.)
       Das Deutsche Reich und der Zweite Weltkrieg
       Band 6: Der globale Krieg
       Deutsche Verlags-Anstalt (Stuttgart 1990)

(17)   Bernhard vom Brocke (Hrsg.)
       Das „System Althoff" in historischer Perspektive
       Verlag August Lax (Hildesheim 1991)

(18)   Otto Brunner
       Land und Herrschaft
       Rudolf M. Rohrer (Wien 1943)

(19)   Jacob Burckhardt
       Über das Studium der Geschichte
       C. H. Beck (München 1982)

(20)   Otto Büsch (Hrsg.)
       Das Preußenbild in der Geschichte
       Walter de Gruyter (Berlin 1981)

(21)   Otto Büsch und Wolfgang Neugebauer (Hrsg.)
       Handbuch der Preußischen Geschichte,
       Band II und III
       Walter de Gruyter (Berlin 1991, 2001)

(22)   Deutsche Bundesbank
       Währung und Wirtschaft in Deutschland 1876–1975
       Fritz Knapp (Frankfurt 1976)

(23)   Richard Dietrich (Bearb.)
       Testamente der Hohenzollern
       Böhlau (Köln 1986)

(24) Dieter Dowe und Kurt Klotzbach (Hrsg.)
      Programmatische Dokumente der deutschen
      Sozialdemokratie
      Dietz (Bonn 1990)

(25) Heinz Duchhardt
      Das Zeitalter des Absolutismus
      R. Oldenbourg (München 1989)

(26) Theodor Eschenburg
      Letzten Endes meine ich doch
      Siedler (Berlin 2000)

(27) Theodor Eschenburg
      Spielregeln der Politik
      Deutsche Verlags-Anstalt (Stuttgart 1987)

(28) Niall Ferguson (Hrsg.)
      Virtuelle Geschichte
      Wissenschaftliche Buchgesellschaft
      (Darmstadt 1997)

(29) Niall Ferguson
      Der falsche Krieg
      Deutsche Verlags-Anstalt (Stuttgart 1999)

(30) Sigmund Freud und William C. Bullit
      Thomas Woodrow Wilson
      Weidenfeld and Nicolson (London 1967)

(31) Johannes Fried
      „Erinnern und vergessen", in:
      Historische Zeitschrift, Band 273 (S. 561 ff.)
      R. Oldenbourg (München 2001)

(32) Lothar Gall
      Bismarck
      Propyläen (Berlin 1980)

(33) Lothar Gall und Dieter Hein
      Fragen an die deutsche Geschichte
      Museumskatalog (Berlin 1996)

(34) Rudolf Gneist
      Der Rechtsstaat
      Julius Springer (Berlin 1872)

(35) Walter Görlitz
      Die Junker
      C. A. Starke (Limburg a. d. Lahn 1964)

(36) Jens Hacker
      Deutsche Irrtümer
      Ullstein (Berlin 1992)

(37) Sebastian Haffner
      Preußen ohne Legende
      Wilhelm Goldmann (München 1981)

(38) Hans Hattenhauer (Hrsg.)
      Allgemeines Landrecht für die Preußischen Staaten von 1794
      Luchterhand (Berlin 1996)

(39) Hans Hattenhauer
      Die geistesgeschichtlichen Grundlagen des deutschen Rechts
      C. F. Müller (Heidelberg 1996)

(40)   Hans Hattenhauer
       Geschichte des deutschen Beamtentums
       Carl Heymanns Verlag (Köln 1993)

(41)   Andreas Hillgruber
       Die Zerstörung Europas (Seiten 364,365 ff.)
       Ullstein (Berlin 1988)

(42)   Andreas Hillgruber
       Zweierlei Untergang
       Die Zerschlagung des Deutschen Reiches und das Ende
       des europäischen Judentums
       Corso bei Siedler (Berlin 1986)

(43)   Andreas Hillgruber
       Die gescheiterte Großmacht
       Drosteverlag (Köln 1980)

(44)   Carl Hinrichs
       Friedrich Wilhelm I. (Kapitel 6, 7)
       Wissenschaftliche Buchgesellschaft
       (Darmstadt 1974)

(45)   Carl Hinrichs
       Preußen als historisches Problem
       Walter de Gruyter (Berlin 1964)

(46)   Otto Hintze
       Die Hohenzollern und ihr Werk 1415–1915
       Paul Parey (Berlin 1915)

(47)   Otto Hintze
       Soziologie und Geschichte
       Vandenhoeck und Ruprecht (Göttingen 1982)

(48)   Otto Hintze
       Staat und Verfassung
       Vandenhoeck und Ruprecht (Göttingen 1970)

(49)   Adolf Hitler
       Mein Kampf
       Franz Eher Nachf. (München 1933)

(50)   Gerd Hohorst, Jürgen Kocka, Gerhard A. Ritter
       Sozialgeschichtliches Arbeitsbuch II
       C. H. Beck (München 1975)

(51)   Ernst Rudolf Huber
       Deutsche Verfassungsgeschichte seit 1789
       Band 1 bis 8
       W. Kohlhammer (Stuttgart 1960/1990)

(52)   Albert Hunold (Hrsg.)
       Masse und Demokratie
       Eugen Rentsch (Zürich 1957)

(53)   Jules Huret
       Berlin um Neunzehnhundert
       Verlag Tasbach (Berlin 1909/1997)

(54)   Institut für Zeitgeschichte (Hrsg.)
       Deutscher Sonderweg – Mythos oder Realität
       R. Oldenbourg (München 1982)

(55)   Harold James
       Vom Historikerstreit zum Historikerschweigen
       Corso bei Siedler (Berlin 1993)

(56) Karl-Ernst Jeismann, Peter Lundgreen und
     Christa Berg (Hrsg.)
     Handbuch der deutschen Bildungsgeschichte
     1800–1918, Band III und IV
     C. H. Beck (München 1987 und 1991)

(57) Georg Jellinek
     Allgemeine Staatslehre
     Julius Springer (Berlin 1900)

(58) von Kathen (Hrsg.)
     Das 3. Garde-Regiment zu Fuß 1860–1890
     Mittler und Sohn (Berlin 1891)

(59) Karl Heinrich Kaufhold,
     Guenther Roth und Yuichi Shiouoya
     Max Weber und seine protestantische Ethik
     Vademekum zu einem Klassiker
     Verlag Wirtschaft und Finanzen
     (Düsseldorf 1992)

(60) Karl Heinrich Kaufhold und
     Bernd Sösemann (Hrsg.)
     Wirtschaft, Wissenschaft und Bildung in Preußen
     Franz Steiner (Stuttgart 1998)

(61) Lothar Kettenacker (Hrsg.)
     Das „Andere Deutschland" im Zweiten Weltkrieg
     Klett (Stuttgart 1977)

(62) Henry A. Kissinger
     Die Vernunft der Nationen („Diplomacy")
     Wilhelm Goldmann (München 1996)

(63)   Henry A. Kissinger
The necessity for choice
Haper and Brothers (New York 1960)

(64)   Diether Koch (Hrsg.)
Karl Barth, Offene Briefe 1945–1968
Theologischer Verlag (Zürich 1984)

(65)   Hans-Christof Kraus
Soldatenstaat oder Verfassungsstaat, in:
Jahrbuch für die Geschichte
Mittel- und Ostdeutschlands, Band 45 (1999)
Saur (München 2000)

(66)   Hans-Christof Kraus
Nekrolog auf Heinz Gollwitzer, in:
Historische Zeitschrift, Band 271 (S. 263)
R. Oldenbourg (München 2000)

(67)   Frank-Lothar Kroll
Das geistige Preußen
Ferdinand Schöningh (Paderborn 2001)

(68)   Wolfgang Lautemann und
Manfred Schlenke (Hrsg.)
Geschichte in Quellen 1914–1945
Bayerischer Schulbuchverlag (München 1980)
Le Bon vgl. (15)

(69)   Rolf Lieberwirth (Übers. und Hrsg.)
Christian Thomasius, Über die Folter.
Untersuchungen zur Geschichte der Folter
Böhlau (Weimar 1960)

(70) Rolf Lieberwirth (Übers. und Hrsg.)
Christian Thomasius, Über die Hexenprozesse
Böhlau (Halle/Wittenberg 1967)

(71) Lisken-Denninger
Handbuch des Polizeirechts
Verlag Beck (München 2007)

(72) Hermann Lübbe
Ich entschuldige mich
Das neue politische Bußritual
Siedler (Berlin 2001)

(73) Otto Meyer
Deutsches Verwaltungsrecht
Duncker und Humblot (Leipzig 1895)

(74) Brian R. Mitchell
European Historical Statistics 1750–1975
Macmillan Press (London 1981)

(75) Horst Möller
Deutscher Sonderweg, Institut für Zeitgeschichte
R. Oldenbourg (München 1982)

(76) Wolfgang J. Mommsen
Bürgerstolz und Weltmachtstreben
Propyläen (Berlin 1995)

(77) Wolfgang J. Mommsen
Das Ringen um den nationalen Staat
Propyläen (Berlin 1993)

130

(78) Carlo Mötteli
      Licht und Schatten der Sozialen Marktwirtschaft
      Eugen Rentsch (Zürich 1961)

(79) Helmuth Mosberg
      Reeducation
      Univeritas (München 1991)

(80) Christian Otto Mylius (Hrsg.)
      Königl. preußis. und kurfürstl. brandenburgische
      Ordnungen, Edicta, Mandata, Reskripta
      Unter der Regierung
      Friedrich Wilhelms, König in Preußen
      Buchladen des Waisenhauses
      (Berlin und Halle 1737)

(81) David Nachmansohn
      Die große Ära der Wissenschaft in Deutschland
      1900–1933
      Wissenschaftliche Verlagsgesellschaft
      (Stuttgart 1988)

(82) Hans Navratil
      Die deutschen Nachkriegsverluste
      Herbig (München 1986)

(83) Neutrale Kommission Norwegens (Hrsg.)
      Neutrale Komitees und Gelehrte
      über die Schuld am Weltkrieg 1914-1918
      Deutsche Verlagsgesellschaft für Politik
      (Berlin 1928)

(84) Thomas Nipperdey
Deutsche Geschichte 1800–1918 (3 Bände)
C. H. Beck (München 1983/1993)

(85) Hans Pleschinski (Übers. und Hrsg.)
Voltaire – Friedrich der Große. Briefwechsel
Hoffmann (Zürich 1992)

(86) Albert Ritter (Hrsg.)
Friedrich der Große. Werke und Schriften
Bechtermünz (Berlin 1915/Augsburg 1998)

(87) Gerhard A. Ritter (Hrsg.)
Das Deutsche Kaiserreich 1871–1914
Vandenhoeck und Ruprecht (Göttingen 1975)

(88) Gerhard A. Ritter
Sozialgeschichtliches Arbeitsbuch II
Beck (München 1978)

(89) Gerhard A. Ritter
*Die Reichstagswahlen und die Wurzeln der
deutschen Demokratie im Kaiserreich, in:
Historische Zeitschrift, Band 275 (S. 385)*
R. Oldenbourg (München 2002)

(90) Wilhelm Röpke
*Fronten der Freiheit
Eine Auslese aus dem Gesamtwerk*
Seewald (Stuttgart 1965)

(91) Werner Rösener
      Adelsherrschaft als historisches Problem, in:
      Historische Zeitschrift, Band 268 (Seiten 1–33)
      R. Oldenbourg (München 1999)

(92) Bertrand Russell
      Freiheit und Organisation
      Cornelsen (Berlin 1927/1948)

(93) Arnold Sachse
      Friedrich Althoff und sein Werk
      E. S. Mittler & Sohn (Berlin 1928)

(94) Wolf Singer
      Der Beobachter im Gehirn (Hirnforschung)
      Suhrkamp (Frankfurt/Main 2002)

(95) Gregor Schöllgen (Hrsg.)
      Flucht in den Krieg
      Wissenschaftliche Buchgesellschaft
      (Darmstadt 1991)

(96) Gregor Schöllgen
      Imperialismus und Gleichgewicht
      R. Oldenbourg (München 1984)

(97) Gregor Schöllgen
      Kriegsgefahr und Krisenmanagement vor 1914, in:
      Historische Zeitschrift, Band 267 (S. 399 ff.)
      R. Oldenbourg (München 1998)

(98)   Christoph Schönberger
       Die überholte Parlamentarisierung, in:
       Historische Zeitschrift, Band 272 (S. 659, 684)
       R. Oldenbourg (München 2000)

(99)   Günter Schönbrunn
       Geschichte in Quelle
       Weltkriege und Revolutionen 1914–1945
       Bayerischer Schulbuch-Verlag (München 1995)

(100) Hans-Joachim Schoeps
       Preußen, Geschichte eines Staates
       Ullstein/Propyläen (Berlin 1966/1995)

(101) Caspar Schrenk-Notzing
       Charakterwäsche
       Seewald (Stuttgart 1965)

(102) Hagen Schulze
       Staat und Nation in der europäischen Geschichte
       C. H. Beck (München 1994)

(103) Hagen Schulze und Ina Ulrike Paul (Hrsg.)
       Europäische Geschichte. Quellen und Materialien
       Bayerischer Schulbuchverlag (München 1994)

(104) Werner von Siemens
       Lebenserinnerungen
       Julius Springer (Berlin 1895)

(105) Statistisches Bundesamt
       Bevölkerung und Wirtschaft 1872–1972
       W. Kohlhammer (Stuttgart 1972)

134

(106) Michael Stürmer (Hrsg.)
       Das Kaiserliche Deutschland
       Droste (Kronberg/Ts. 1977)

(107) Michael Stürmer
       Das ruhelose Reich
       Quadriga, Severin und Siedler (Berlin 1983)

(108) Raymond F. Toliver
       Das waren die deutschen Jagdflieger-Asse 1939–1945
       Motorbuch Verlag (Stuttgart 1998)

(109) Franz Uhle-Wettler
       Höhe- und Wendepunkte deutscher Militärgeschichte
       Mittler & Sohn (Hamburg 2000)

(110) Stephan L.Vaughn
       Holding fast the inner lines
       The University of North Carolina Press (Carolina
       1980)

(111) Rudolf Vierhaus und
       Bernhard vom Brocke (Hrsg.)
       *Geschichte und Struktur der Kaiser-Wilhelm-/Max-
       Planck-Gesellschaft*
       Deutsche Verlagsanstalt (Stuttgart 1990)

(112) Max Weber
       Die protestantische Ethik und der Geist des Kapitalismus
       Archiv für Sozialwissenschaft und Sozialpolitik
       (Tübingen 1905)

(113) Hans-Ulrich Wehler
       Das Deutsche Kaiserreich (1871–1918)
       Vandenhoeck und Ruprecht (Göttingen 1980)

(114) Ludwig Wiese
       Das höhere Schulwesen in Preußen
       Wiegandt & Grieben (Berlin 1864)

(115) Erik Wolf
       Christian Thomasius, in:
       Große Rechtsdenker der deutschen Geistesgeschichte
       J. C. B. Mohr (Paul Siebeck) (Tübingen 1939/1963)

(116) Christian Wolff
       Vernünftige Gedanken von dem gesellschaftlichen Leben
       der Menschen
       Rengerische Buchhandlung (Leipzig 1725)

(117) Christian Wolff
       Vernünftige Gedanken von der Menschen Thun und
       Lassen
       Rengerische Buchhandlung (Halle 1752)

(118) Chuck Yeager
       An Autobiography, Seiten 79/80
       (Toronto 1986)

(119) Alfred M. de Zayas
       Wehrmacht-Untersuchungsstelle
       Langen Müller (München 1979/1984)

Namensverzeichnis

Abusch, Alexander (1902-1982), *leitender Ideologe in der ehemaligen DDR*

Adenauer, Konrad (1876-1967), *Bundeskanzler Deutschland*

Adorno, Theodor W. (1903-1969), *deutsch-amerikanischer Soziologe*

Althoff, Friedrich Theodor, Professor Dr. iur. (1839–1908), *Ministerialdirektor im preußischen Kultusministerium*

Anakonda, *Name für eine bestimmte Taktik im USA-Sezessionskrieg*

Anderson, Margaret Lavinia (*1941), *US-amerikanische Historikerin*

Anna von Preußen (1576-1625), *Herzogin von Preußen, Gemahlin von Kurfürst Johann Sigismund von Brandenburg*

Aristoteles (384 v. Chr. – 322 v. Chr.), *griechischer Philosoph*

Barth, Karl (1886-1968), *schweizerischer evangelischer Theologe*

Bartholomäus-Nacht, *Massentötung von Protestanten (Hugenotten) im katholischen Paris 1572*

Bebel, August (1840-1913), *sozialdemokratischer Politiker*

Bentzien, Hans (*1927), *historischer Schriftsteller*

Berg, Manfred (*1959), *Historiker*

Bismarck, Fürst Otto von (1815-1898), *Preußischer Ministerpräsident und Reichskanzler Deutschland*

Bleichröder, Gerson (1822-1893), *Bankier*

Böttinger, Henry Theodor (1848-1920), *Staatssekretär im deutschen Außenamt*

Braun, Otto (1872-1955), *preußischer Ministerpräsident, sozialdemokratischer Politiker*

Bryce, James (1838-1922), *englischer Historiker*

Churchill, Sir Winston Leonard (1874-1965), *britischer Premierminister*

Creveld, Martin van (*1946), *israelischer Militärhistoriker*

Engels, Friedrich (1820-1895), *sozialistischer Ideologe*

Eschenburg, Theodor (1904-1999), *Politologe*

Francke, August Hermann (1663-1727), *pietistischer Theologe und Erzieher*

Friedrich II. – der Große – (1712-1786), *König von Preußen*

Friedrich III. (1657-1713), *Kurfürst von Brandenburg, ab 1701 Friedrich I. König in Preußen*

Friedrich Karl von Preußen (1828-1885), *Prinz und Armeebefehlshaber*

Friedrich Wilhelm I. – Soldatenkönig – (1688-1740), *König in Preußen*

Friedrich Wilhelm IV. (1795-1861), *König von Preußen*

Gambetta, Leon (1838-1882), *französischer Politiker*

Gaulle, Charles de (1890-1970), *französischer General und Ministerpräsident*

Griffin, William, *Verleger der Zeitung „New York Enquirer", New York*

Hardenberg, Carl-Hans Graf von (1891-1958), *Offizier und Anti-Hitler-Verschwörer*

Hegel, Georg Wilhelm Friedrich (1770-1831), *in Stuttgart geborener preußischer Staatsphilosoph*

Hertzog jr., Rudolph, *Kaufhauseigentümer in Berlin*

Hillgruber, Andreas (1925-1989), *Historiker*

Hintze, Otto (1861-1940), *Historiker*

Hitler, Adolf (1889-1945), *Nationalsozialist, Reichskanzler Deutschland und „Führer"*

Horkheimer, Max (1895-1973), *deutsch-amerikanischer Soziologe*

Huber, Ernst Rudolf (1903-1990), *Historiker und Verfassungsjurist*

Huch, Ricarda (1864-1947), *Schriftstellerin und Historikerin*

Humboldt, Wilhelm von (1767-1835), *preußischer Staatsmann und Bruder von Alexander H.*

Joachim II. (1505-1571), *Kurfürst von Brandenburg*

Johann Sigismund (1572-1620), *Kurfürst von Brandenburg*

Kleist-Schmenzin, Ewald-Heinrich von (*1922), *Offizier und Anti-Hilter-Verschwörer*

Ludwig XIV. (1638-1715), *König von Frankreich*

Luther, Martin (1483-1546), *Mönch und Reformator*

Lynar, Wilhelm Graf zu (1899-1944), *Offizier und Anti-Hitler-Verschwörer*

Mann, Golo (1909-1994), *Schriftsteller und Historiker*

Marcuse, Herbert (1898-1979), *deutsch-amerikanischer Soziologe*

Marx, Karl (1818-1883), *Sozialist und Wirtschaftstheoretiker*

Mehring, Franz (1846-1919), *sozialdemokratischer Politiker*

Moltke, Helmuth von (1800-1891), *preußischer Generalfeldmarschall*

Montesquieu, Charles de Secondat, Baron de la Bréde et de (1689-1755), *französischer Staatsphilosoph*

Muschg, Adolf (*1934), *schweizerischer Schriftsteller*

Nachmansohn, David (1899–1983), *Biochemiker und Biophysiker, letztes jüdisches Mitglied der „Kaiser-Wilhelm-Gesellschaft", seit 1945 US-Amerikaner*

Napoleon I., Bonaparte (1769-1821), *Kaiser der Franzosen*

Patton, George S. (1885-1945), *US-amerikanischer General*

Proudhon, Pierre-Joseph (1809-1865), *französischer Sozialist*

Rathenau, Emil (1838-1915), *Industrieller*

Rathenau, Walther (1867-1922), *Außenminister*

Ritter, Gerhard A. (*1929), *Sozialhistoriker*

Roosevelt, Franklin Delano (1882-1945), *US-Präsident*

Saint-Germain, Graf Claude Louis de (1707-1778), *französischer General*

Sargent, Sir Orme Garton (1884-1962), *Unterstaatssekretär im englischen Außenamt*

Schulenburg, Friedrich-Werner Graf von der (1875-1944), *Offizier und Anti-Hitler-Verschwörer*

Schulenburg, Fritz-Dietlof Graf von der (1902-1944), *Offizier und Anti-Hilter-Verschwörer*

Segev, Tom (*1945), *israelischer Journalist und Historiker*

Seydlitz, Friedrich Wilhelm von (1721-1773), *General preußische Kavallerie und deren Oberbefehlshaber*

Siemens, Werner von (1816-1892), *Industrieller*

Singer, Paul (1844-1911), *sozialdemokratischer Politiker und Zeitungsverleger*

Stalin, Josef (1878-1953), *kommunistischer Diktator*

Thomasius, Christian (1655-1728), *Rechtsgelehrter, Mitbegründer der europäischen Aufklärung*

Tresckow, Henning von (1901-1944), *Offizier und Anti-Hitler-Verschwörer*

Truman, Harry S. (1884-1972), *US-Präsident*

Verney, du, *französischer General*

Wilhelm I. (1797-1888), *Deutscher Kaiser und König von Preußen*

Wilhelm II. (1859-1941), *Deutscher Kaiser und König von Preußen*

Witzleben, Erwin von (1881-1944), *Offizier und Anti-Hitler-Verschwörer*

Wolff, Christian Freiherr von (1679-1754), *Philosoph und Mathematiker, Mitbegründer der europäischen Aufklärung*

Yeager, Chuck (*1923), *amerikanischer Jagdflieger im Zweiten Weltkrieg und später US-General*

142

Über den Autor

Ehrhardt Bödecker
geboren 1925 in Zwickau. Seit 1934 mit den Eltern wohn-
haft in Berlin. Abitur 1943 auf dem Humanistischen
Gymnasium. Im Zweiten Weltkrieg Luftwaffenpilot, doch
wegen Benzinmangels im Erdkampf eingesetzt und schwer
verwundet. Studium der Rechts-, Geschichts- und Wirt-
schaftswissenschaften in Berlin und den USA. Amtsrich-
ter, Verwaltungsrichter und Rechtsanwalt. Übernahme
der Leitung einer Berliner Privatbank als persönlich haf-
tender Gesellschafter im Jahr 1966. Nach einer erfolgreichen Unternehmertätigkeit von 29 Jahren als selbständi-
ger Bankier Ruhestand 1995 im Alter von 70 Jahren. Danach Gründung und Aufbau seines eigenen Brandenburg-
Preußen Museums in Wustrau/Brandenburg. Eröffnung
2000. Seither erfreulich hohe Besucherzahlen. Mit seiner
Frau ist er seit 1956 verheiratet. Sie haben zwei glücklich
verheiratete Kinder und vier Enkelkinder.